제자의 삶 프로젝트

제자의 삶 프로젝트

| **조고산** 지음 |

쿰란출판사

추천사

요즘 시대는 모든 것이 어려운 시대입니다. 교회도 마찬가지로 어려운 시대를 맞이하는 것 같습니다. 교회 개척의 시대가 지나갔다 할 정도로 개척이 어려운 시대에 조 목사님은 자신의 몇 십 년 동안의 목회 경험을 통하여 이 어려운 시대를 행복하게 목회할 수 있는 프로젝트를 개발하시고 아낌 없는 가르침으로 교회가 다시 부흥을 맞이할 수 있도록 가르쳐주셔서 너무나 감사합니다.

저희 교회도 수적인 부흥이 멈추고 성도들이 열정이 식어지고 서로 간의 사랑도 식어가고 있는 위기에 처하였습니다.

"제자의 삶" 프로젝트를 통하여 교회가 전도형 교회로 바뀌고 8주 과정의 "믿음의 삶" 학습을 통하여 신앙에 대한 열정이 회복되고 "제자의 삶" 과정을 통하여 성도들이 서로 사랑하는 관계가 회복되었습니다.

전체적으로 전 교인이 영적인 침체상황에서 활기가 넘치고 목사와 성도들, 성도들 서로가 사랑하는 관계가 회복되고 또한 전도에 최선을 다하는 교회로 변화됨으로 새로운 부흥을 맞이하고 성도들이 서로 섬기는 생명력이 있는 교회로 변화되고 성숙되었습니다. 앞으로 이 프로젝트가 많은 교회들에게 더욱 큰 도움이 될 줄로 믿습니다.

2016년 9월 1일

사랑의선교교회 최빌립 목사

추천사

목회가 뭔지도 모르고 시작한 나로서는 목회를 하면서 많은 고민과 어려움이 있었습니다. 직접적으로 누가 "바로 이거다"라는 가르침이 없이 목회를 시작하다 보니 갈길이 막막했습니다. 조태환 목사님의 "제자의 삶 프로젝트"를 통해서 "바로 이거구나!" 하는 것을 깨달았습니다.

제자의 삶 프로젝트를 통해서 교회가 전도형 교회로 바뀌고 새신자 정착율이 높아지고 믿음의 삶 8주 과정을 통해서 새신자가 믿음이 성숙되고 성도들이 신앙의 열정이 회복되고 제자의 삶을 통해서 교회가 하나 되고 영적으로 충만함을 얻게 되었습니다.

귀한 조 목사님의 "제자의 삶" 프로젝트를 통해서 더 많은 교회가 전도형 교회, 신앙의 열정을 회복하는 교회가 되길 소망하고 기대합니다.

2016년 9월 1일

새생명교회 박광철 목사

추천사

복음을 복된 소식이라고 하지만 많은 신앙인이 행복하기는커녕 힘들게 신앙생활하는 분들이 많습니다. 심지어 목회자들까지 부담감을 가지고 목회하는 분들이 적지 않은 것 같습니다.

성도들을 행복한 신앙생활로 인도하고 목회자 자신도 행복한 목회를 할 수 있도록 디자인된 목회지침서가 "제자의 삶 프로젝트"입니다.

이 책은 기본적으로 건강한 목회를 염두에 두고 성도 모두가 행복한 신앙생활을 할 수 있고 목회자도 행복하게 목회하는 목회 시스템입니다. 어떤 신학적인 교육보다는 신앙적인 성장에 주안점을 두었고 또한 단순한 신학공부가 아니라 진정한 신앙의 삶을 중요하게 다루었습니다.

비록 학문적인 논쟁을 직접 하지는 않았지만 신학적인 기초 위에서 제자훈련이 아니라 조 모임을 통하여 주제별로 제자의 삶을 살게 하고 삶을 나누며 성도의 진정한 깊은 교제를 통한 위로와 격려, 기도로 치유와 변화와 응답의 기적을 이루는 시스템을 개발하셨습니다.

조 목사님의 목회경험과 신학적인 수양이 잘 결합된 목회 시스템입니다. 이 책을 통하여 더욱더 많은 지역에 건강한 하나님의 교회가 세워지길 기대합니다.

2016년 9월 1일

해성교회 김 호 목사

머리말

은퇴를 하고 36년의 목회를 되돌아 보면서 '이렇게 했으면 더 좋았을 것을……' 하는 안타까움이 있었다. 목회자들에게 도움이 되겠다는 생각에 기도하면서 새로운 목회 프로젝트를 만들었다.

나름대로 누구보다 최선을 다해 목회했고, 한국교회의 건강한 교회 모델(NCD)이 되었다. 너무 열심히 뛰다 보니 지친 적도 있었다. 그래서 열심히 뛰면서 사역하는 목회자들이 좀더 행복하게 목회할 수 있는 방법을 생각해낸 것이다.

필자는 예수 믿은 지 6년 만에 1년 된 산골의 개척교회 전도사로 부임했다. 부임 1년 만에 성도 7명에서 24명의 성도로 부흥하였다. 다음은 농촌교회로 가서 신학을 공부하면서 목회를 하는데, 22명인 성도가 5년 만에 60명이 넘었고 교회와 사택을 건축했다. 그 당시는 해마다 도시로 성도들이 빠져나가던 때였다. 그 후 100명 정도 모이던 교회가 문제가 생겨 반 정도 흩어졌는데 부임 후 10개월 만에 120명 성도가 출석했다.

신학교를 졸업하고 부교역자를 거쳐 1년 후 도시 개척교회를 시작하면서 하루하루 아파트 단지를 방문 전도하면서 1년 만에 자립하였다. 그 개척교회를 29년 목회하면서 15년은 제자훈련으로 대표적인 건강한 교회가 되었고, 그 후 12년은 가정교회(셀)로 대표적인 교회가 되었다.

이렇게 열심히 하다 보니 몸을 생각할 여유가 없어 일에 지치고 스트레스도 쌓여 정작 나 자신은 행복하지가 못했다. 지금 시대 목회자들도 별반 다를 바 없다고 생각한다. 이렇게 힘들게 목회하는 후배들을 위해 '어떻게 하면 교회가 제대로 성장하면서 부흥할 수 있을까? 어떻게 하면 좀 여유를 가지면서 행복하게 목회할 수 있을까?'에 대한 비결을 나의 경험을 바탕으로 연구하였다.

이 프로젝트를 이행하면 반드시 교회는 성장 부흥하고 목회자는 행복하게 목회할 수 있고 성도들도 행복하게 신앙생활을 할 수 있다 확신한다. 이웃 나라 여러 지역의 많은 교회들이 이 프로젝트로 전환하여 정착하고 부흥하고 행복하게 변화되고 있기 때문이다.

교회는 반드시 성장하고 부흥해야 한다. 초대 교회인 예루살렘 교회는 성령 충만을 받은 성도들이 나가서 전도하여 놀라운 부흥을 이루었다. 5천 명, 그 다음은 셀 수 없을 만큼이 되었다. 베드로 사도가 설교하니 3천 명이 세례 받는 놀라운 일도 있었다. 복음이 전해지는 곳마다 치유와 기적이 일어나고 심지어 사도들의 그림자만 지나가도

병이 낫는 기적이 일어났다.

교회가 이렇게 급성장하니 예루살렘에 있는 반대 무리들이 핍박하여 몇몇 성도들은 사마리아로 안디옥으로 각 도시로 피난을 가기도 했다. 그런데 그들이 간 도시 사마리아 성에 소동이 일어났다고 했다. 안디옥 교회가 부흥하니 바울과 바나바를 선교사로 파송하는 역사가 일어났다. 사도행전에 보면 곳곳마다 교회가 세워지는데 그곳은 놀라운 부흥의 역사가 일어났다.

교회는 성령의 능력을 힘입어 반드시 기적도 일어나고 부흥하고 성장해야만 한다. 그런데 오늘날 교회들은 성장이 멈추거나 뒷걸음질 하는 교회들도 많은 것을 볼 때 안타까운 마음을 숨길 수가 없다. 왜 그렇게 되었을까? 문제점이 무엇일까? 본문에서 그 원인과 해결책을 찾아보자.

2016년 9월 1일

조고산

차례

1. 현대 교회의 문제점들

한국교회는 지금 부흥과 성장을 기대할 수 없는 상황이 되었다. 교회의 이미지는 나빠질 대로 나빠져 있고 목회자와 성도들마저 세상에서 신뢰를 받지 못한 채 웃음거리가 되었고 전도는 할 생각도 못하고 부흥을 기대하지 않는 형편이 되고 말았다.

교회 부흥을 위한 수많은 프로그램들이 나오고 적용해 보지만 장기적이고 안정된 성장과 부흥은커녕 목회적인 부담만 가중하고 성도와 교회들도 힘들어지는 경험을 하고 있는 것이 사실이다.

현대 교회 목회자들은 무엇을 어떻게 해야 하는지는 아주 잘 알고 있다. 그러나 현실은 알고 있는 것을 실현하지 못하고 있는 안타까운 상황이다. 예를 들면 교회가 전도하고 교육해야 한다는 것을 잘 알고 있으면서도 이 일들을 효과적으로 감당하지 못한다. 전도에 전력을 다하는 교회는 아주 적다.

전도를 강조하지만 막상 전도해서 데려오면 감당하지 못하고 놓치고 만다. 등록하는 사람 수는 많지만 등록한 새 신자가 성장하고 성숙하여 정착하는 경우는 극히 드물어 10-20% 정도밖에 안 되는 것이 사실이다.

목회자는 등록한 신자를 한 번 만나주고 형식적인 새 신자 과정을 진행하거나 부교역자에게 맡겨 놓으니 제대로 성숙할 수가 없다. 그리고 목회자는 새 신자에게 목회의 역량을 쏟는 것이 아니라 이미 잘 나오고 있는 기 신자들을 교육하고 돌보는 데 전력을 쏟고 있는 형편이다. 기 신자는 교육하지 않아도 잘 나올 수 있고, 전도도 해 올 수 있는 사람들이다.

실제로 목회자는 새 신자에게 목회의 모든 에너지를 쏟아야 한다. 그리고 그들을 정착시켜 성숙한 신자로 만들어 가야만 기 신자들이 신뢰를 가지고 또 전도해 올 수 있다. 전도하여 데려와 봐야 교회는, 목회자는 다 놓치고 만다는 생각을 가지면 성도들은 전도를 포기하게 될 수밖에 없다.

그러므로 생동감 있고 살아 있는 교회가 되려면 전도형 교회가 되어야 한다. 교인들은 전도하여 데려오고 목회자들은 이들을 확실히 성숙시키고 다시 전도하는 사람으로 생산해 내면 전도한 사람은 진정한 신앙생활의 보람을 누리게 되어 계속 전도하고 인도하여 부흥하는 교회가 될 것이다.

1) 예배에 대하여

대부분 교회가 예배만 중요하다고 생각한다. 예배 드리는 것만 신앙생활의 목표로 삼는 것 같다. 예배만 드리고 나면 신앙생활의 의무를 다 했다고 생각하고 영적인 신앙의 삶은 안중에도 없는 것 같다. 목회자들도 주일을 잘 지키고 예배를 빠짐없이 참석만 하면 좋은 신앙인으로 인정해 주는 모습이다. 마치 예배 중독자처럼 예배만 드리고 나면 마음이 편안하고 더 할 것이 없다고 생각한다.

모든 것이 예배로 통한다. 전도회나 선교회 각 기관에서의 모임도 예배를 드리고 나서야 회의를 시작한다. 심방도 예배로 시작하고 예배로 끝난다. 심방은 가정에서 어떤 문제가 있으며 그것으로 어떻게 어려움을 당하는지, 어떤 상황인지, 어떤 생각을 가지고 있는지 살피고 심방하는 성도의 가정이나 개인의 아픔이나 소원과 필요를 들어주고 위로하고 격려해 주며 축복해 주는 것이 목적이라고 할 것이다.

그 상황에 맞는 성경을 읽고 간단히 도움이 될 만한 설교라기보다 조언을 주고 뜨겁게 기도해 주고 축복하는 것이 효과적일 것이다. 그런데 준비해 간 찬송과 설교를 하고 일방적으로 기도해 주고 끝내고 가버리는 경우가 많다.

병원심방도 불신자들이 가득한 병실에서 큰소리로 예배를 드리는 경우를 종종 볼 수 있다. 그래서 항의도 받고 불신자들의 마음을 불편하게 하여 오히려 전도를 가로막는 결과를 초래하기도 한다. 이해를 구하고 예배를 드리지만 그래도 문제는 여전히 있을 수 있다. 입원한 성도에게 눈치를 주거나 오히려 그가 전도하는 데 걸림돌이 되기도 한다. 조용히 들어가서 성도 환자를 중심으로 그에게 위로하고 상황을 자세히 들어주고 옆 환자에게 들리지 않을 정도의 조용한 소리로 위로하고 성경 한 절 읽어 주고 기도하고 축복하면 좋을 것이다. 그리고 그 병실에 있는 환자들을 위해서도 기도하되 그 기도는 조금 큰소리로 하면 효과가 있을 것이다. 최대한 다른 불신자들에게 불편을 끼치지 않고 나갈 때도 모두 빨리 회복되기를 바라고 기도하겠다고 인사하고 나오면 좋을 것이다.

교회에서 예배를 중요하다고 생각하므로 예배만 같이 드리고 건성으로 인사하고 헤어지니 성도끼리 진정한 사귐과 교제가 없다. 몇 년 혹은 몇 십 년을 같이 예배드리고 만나고 헤어지지만 서로에 대해 깊이 아는 것이 없다. 가까운 몇 명만 사귀고 있는 형편이다.

그렇다고 예배가 크게 은혜롭지도 않다. 전통적인 순서에 얽매여서 순서를 위한 예배인지, 예배를 위한 순서인지 구별이 안 될 정도로 숨가쁘게 진행하다 보면 예배는 끝나고 인사하고 헤어지는 장면이 연속된다. 어떤 교회는 무언 사회로 너무 급하게 진행되어 정신 없이 참여하다 보면 끝나는 경우도 있다. 어떤 교회는 여러 순서를 통해서 잔소리가 너무 많아 거슬리는 경우도 있다.

어떤 교회는 너무 전통적인 예배로 거룩해서 부담스러운 분위기가 되기도 한다. 어떤 교회는 현대식이라고 너무 소란하고 분위기가 어수선해 예배답지 않은 경우도 경험했다.

어떤 교회는 보통 예배 30분 전에 찬양을 하는데 예배를 준비하는 과정으로 진행되는데도 문제가 있는 것 같다. 거의 마쳐질 무렵에 성도들이 거의 다 모이고 예배가 시작되는데 정작 예배 때는 순서의 하나로 한두 곡 찬양을 드리는데 순서를 위한 형식적인 찬양밖에 되지 않는다. 여기에서 큰 은혜를 경험할 수도 없고 기대도 하지 않는 모습이다.

예배는 하나님께 드리는 것과 하나님께 받는 것이 있다. 찬양과 기도와 헌금은 하나님께 드리는 것이고, 하나님의 말씀과 하나님의 축복은 우리가 받는 것이다. 이것이 조화롭게 이루어지지 않는 것이 문제다. 특별히 하나님께 복을 받았다는 느낌이나 감동이 있는 예배는 거의 찾아 볼 수가 없었다.

헌금기도는 일반적인 기도로 끝나고 감사나 십일조, 기타 제목에 대한 구체적인 축복이 없고 예배에 참여한 자나 나오지 못한 자를 위한 축복을 듣기 힘들고 병든 자나 어려움이나 시험과 환난을 당한 이들을 위한 구체적인 목회기도가 없는 경우가 대부분이다. 예배를 드린 성도들이 자신이 축복을 받고 자신의 병과 문제와 아픔을 위한 특별한 기도를 받았다는 느낌이나 인식을 하지 못하고 간다. 자신도 모르게 허전함을 느낄 수밖에 없을 것이다.

예배는 순서마다 은혜를 경험해야 온전한 예배이다. 시작기도부터 찬송, 대표기도, 성가대 찬양, 설교, 봉헌 축복기도 등 순서 순서마다 하나님을 경험하고 은혜를 받는 예배가 진정한 예배다. 목회자들은 더욱 많은 연구를 하고 경험을 통한 고민을 할 필요가 있다.

2) 설교에 대하여

설교를 통해서 하나님의 말씀을 받고 은혜를 많이 받아야 하는데 너무 어렵거나 핵심이 없거나 삶에 적용하기가 어렵다. 심지어는 무슨 말을 하고 있는지 모르는 경우도 있다. 그러므로 설교를 통해서 삶에 어떻게 적용할지 모르고 듣고 마는 경우가 많다.

너무 많은 것을 설교로 가르치려고 하니 장황해질 수밖에 없다. 교리나 신학적인 내용으로 흘러가는 경우를 많이 볼 수 있다. 삶에서 곧바로 이번 주에 적용할 것을 분명히 얻지 못한다면 허공을 치는 설교이다. 무엇인가 단순하면서도 깊이 있는, 삶에 바로 적용할 것을 얻어갈 수 있는 설교라면 은혜로운 설교라고 할 수 있다. 설교는 쉬워야 하고 단순해야 하고 재미있어야 하고 신앙생활에서 분명한 행동지침을 얻어갈 수 있어야 좋은 설교라고 할 수 있다.

3) 교육에 대하여

어떤 교회는 성경공부나 제자훈련 같은 교육이 너무 많아서 학교인지 교회인지 헷갈릴 정도다. 어떤 교회는 교육이 거의 없고 예배만 드림으로 기본 교육도 없는 것이 문제다. 교육이 너무 많으면 지식이 많아져서 학자가 될 염려가 있고, 성경공부가 너무 많으면 이론가가 되기 쉽다. 너무 많은 것을 공부하고 나면 지식적이고 교리적인 머리만 커져서 자기만 다 아는 것으로 착각하기도 한다. 그래서 다른 사람들을 헤

아리고 판단하고 심지어 목회자의 설교나 목회 일까지 간섭하면서 순수한 신앙생활을 못하고 교만해지는 것을 염려하지 않을 수 없다.

교육은 알맞게 해야 하는데 가장 중요한 것은 새 신자 교육이다. 새 신자가 교회에 등록하자마자 신앙생활의 기본과 어떻게 신앙생활할 것인지를 구체적으로 가르쳐야 한다. 그리하여 성숙한 신앙인으로 속히 만들어가는 것이 교회의 기본 교육이 되는 핵심 프로그램이어야 한다. 새 신자들을 대상으로 3-6개월 안에 신앙생활의 기본 교육이 이루어져서 성숙한 신앙인으로 만든다면 중간에 낙오하는 자가 적어질 것이다. 그러나 이것이 잘 되지 않는다면 거의 대부분 한 달, 석 달, 6개월, 1년까지 잘 나오다가 낙오하고 마는 경우가 허다하다.

4) 목회 방식에 대하여

목회자들이 관리 목회를 하고 있다는 사실이다. 잘 나오는 교인들을 돌보고 관심을 가져 주고 때로는 심방도 하면서 관리만 하고 있다. 관리 목회를 하면 자전거를 타면서 쓰러지지 않으려는 것과 같은 상황이 벌어진다. 피곤하고 힘들고 지친다. 그런데 변화나 성장과 부흥이 안 되어 답답하기만 하다. 중요한 것은 성도들이 어떻게 영적으로 성장하고 집안 가족들이나 이웃에게, 직장이나 사회에서 신앙적인 모범을 보여주고 사는가 하는 것이다. 그리고 얼마나 영혼 구원에 관심을 가지고 사느냐에 초점을 맞추어야 할 것이다.

성도들에게 전도의 도전을 주어서 전도하게 하고 전도된 새 신자를 돌보고 양육하는 일에 전력을 기울여야 그들이 영적으로 성숙한다. 그럴 때 성도들도 생동감을 느끼며 살고 목회의 보람도 누리게 될 것이다. 이렇게 될 때 진정한 성장과 부흥을 기대할 수 있다.

5) 모든 활동이 교회 안에서만 제한되는 데 대해

성도들의 모든 활동이 교회 안에서만 이루어지는 것이 문제이다. 교회 안에서 예배와 교육이 이루어지고 친교도 이루어진다. 교회 밖에서 전도나 봉사나 선교활동이 너무 제한되어 있거나 아예 없는 경우가 허다하다.

실제로 성도의 삶이 모든 영역에서 만나는 사람마다 예수를 증거하는 전도 활동이 일어나야 진정한 신앙생활이라고 할 수 있다.

모든 교회가 직책 중심이기에 직책만 받고 교회 안에서 봉사하고 활동하는 것이 전부라고 할 수 있다. 그러다 보니 모든 성도가 그리스도의 제자가 되기 어렵고 진정한 성도의 교제도 이루어지지 않는다. 그저 형식적인 인사와 봉사가 이루어진다.

교회의 모든 부서가 친교 중심이다. 전도회, 선교회란 이름을 가졌으나 전도와 선교에 힘을 쏟는 것이 아니라 자기들의 친교와 교제에만 힘을 쏟는다. 그래서 이름과 사역이 동떨어져 거짓된 이미지가 형성된다.

6) 구원의 확신에 대하여

예수 믿고 구원받고 천국 가는 것이 가장 기본이다. 그런데 지금 죽으면 천국 갈 확신이 있는지 물어 보면 거의 확신이 없는 것이 문제다. 이것을 가르치지 않는 목회자가 없겠지만 실제로 구원의 확신에 대해서 구체적이고 확실한 교육이 이루어지지 않았기 때문에 정리가 안 되어 헷갈리고 자신이 없다. 이것 때문에 구원파나 이단에 넘어가는 경우가 허다하다.

구원의 확신은 가장 기본적인 기초 교육이기에 새 신자는 물론이고 기 신자들도 작정하고 제대로 된 교육을 하여 모든 성도가 구원의 확신을 가질 때 진정한 신앙생활을 할 수 있고 예수님의 성품을 닮아가고 예수님의 사역인 전도 사역을 하며 사는 전도자가 될 수 있다.

새 신자들을 집중하여 구원의 확신을 가지게 할 때 어떤 상황에도 신앙생활을 포기하지 않고 더욱 열심히 하나님과의 관계가 분명해질 것이다. 성도들을 관리하는 것보다 구원의 확신을 분명하게 반복 확인하는 것과 교육하는 것을 강조하고 싶다.

7) 성령체험에 대하여

예수 믿고 구원받은 성도가 성령의 인도하심이나 역사하심을 체험하며 살고 있지 않다는 것이 문제다. 자신이 성령을 받았다는 사실을 아는 자나 모르는 자나 대부분 성령의 역사하심을 삶에서 누리지 못하고 있다.

예수님을 영접하는 순간 성령이 우리 안에 들어오시고 순간 새로운 피조물로 거듭나게 된다. 우리 안에 성령이 거하시므로, 무궁한 능력을 가진 분이 계시므로 우리가 변하고 능력이 나타나고 순종이 일어나게 된다.

예수님을 믿으면 새 삶을 살게 된다. 새로운 피조물이 되었기에 새로운 욕구와 새로운 능력을 소유하게 된다. 우리에게 새로운 운명, 가능성을 열어 주신다. 우리에게 성령을 부어 주셔서 영적인 것을 깨닫고, 영적인 일들이 이루어진다. 기도하면 아이디어가 떠오르고 기도하다가 방법이 보이고 신나는 삶을 살게 된다. 성령이 내 안에 계시고 언제나 나와 함께 역사하심을 믿고 성령의 인도하심을 따라 성령의 능력을 체험하며 사는 것이 신앙생활이다.

그런데 정작 성령의 인도하심을 따라 살면서 성령의 능력을 경험하고 사는 성도를 찾아보기가 힘들다는 사실이 안타까울 뿐이다. 많은 성도들, 심지어는 목회자도 그것을 인식하지 못하고 있는 것이 사실이다. 그러기에 더욱 내 안에 계신 성령의 알게 하심과 깨닫게 하심과 인도하심에 순종하고 사는 것이 신앙생활이라는 것을 확실하게 해야 한다. 성령이 내 안에서 계속 인도하심에 순종하고 또 순종하는 삶이 거듭될 때 성령이 충만해진다는 사실도 확실히 해야 한다.

마치 성령을 받지 않은 것처럼 성령을 달라고 기도하고, 충만하기 위해서 금식기도나 특별한 은사가 있는 사람에게 기도 받아야 한다고 생각하는 것 같다. 기도를 많이 해야 성령을 받고 충만해진다는 잘못된 생각도 바로잡아야만 한다. 성령께 순종해서 인도하심을 따라 기도하고 전도하고 봉사하고 주의 이름으로 사역할 때 기적도 일어나고 능력도 나타나고 응답도 나타나게 된다.

8) 기적이 일어나지 않는 것에 대해

기독교는 기적의 종교이다. 예수님이 전도 사역을 할 때 수많은 기적들이 일어났다. 예수님은 믿는 자는 자신이 하신 일도 할 것이고 더 큰 일도 할 것이라고 말씀했다. 그런데 현대 교회는 기적이 일어나지 않는 것이 문제다. 아예 기적을 기대하지도 않는 현실임을 시인하지 않을 수 없다. 중국이 개방되기 전 수십 년 전만 하더라도 가정교회에서 많은 기적들이 나타나고 그것 때문에 그 무서운 핍박 속에서도 복음이 전해지고 믿는 사람들이 폭발적으로 늘어났던 것이 사실이다.

그런데 오늘날은 기적이 일어나지도 않고 기적을 기대하지도 않는다. 그 이유를 생각해 보니 예수님은 3년 동안 복음 사역을 하시면서 내가 전도하러 왔으니 마을마다 전도하여 구원할 것이라고 하시면서 전도 사역만 하셨다. 그러면서 기적을 보여 주셨다. 오늘날도 아프리카 오지에서 선교하는 선교사들이 기적을 경험하는 이야기를 자주 듣는다. 이들이 오직 영혼을 사랑하고 전도 사역에 혼신의 힘을 다할 때 일어나는 역사이다. 오늘날 교회는 이 전도 사역에 전혀 힘을 쏟지 않기 때문에 기적을 경험할 기회도 없는 것이 문제다.

9) 전도를 하지 않는 것에 대하여

주님이 교회를 세운 목적은 영혼 구원하여 제자 삼는 것이었다. 그런데 현대 교회들은 전도에는 관심이 없다. 목회자들은 잘 나오는 성도들만 관리하고는 이것이 목회라고 착각하는 것 같다. 예수님이 오신 목적은 전도였고 마을마다 다니면서 전도 사역만 하셨다. 유언으로 남기신 말씀도 가서 전도하여 제자 삼으라고 하셨다. 그러면 내가 항상 너희와 함께하겠다고 약속하셨다. 전도 사역을 위하여 성령의 권능도 주셨다.

그런데 현대 교회는 전도에 관심이 없다. 전도에 열정을 가진 목회자나 교회를 찾아보기 힘들다. 이것은 교회가 교회의 본질적인 사명을 저버린 일이기 때문에 주님이 기뻐하는 교회라고 할 수 없다.

해결 방법은?

결론적으로 간단히 말하자면 아래와 같이 말할 수 있다.

교회는 교회다워야 한다. 그리고 단순해야 한다. 교회는 학교가 아니다. 많이 가르친다고 완전해지지 않는다. 기본적이고 단순한 가르침이 중요하다.

행복하게 신앙생활하고 행복하게 목회할 수 있어야 한다. 그런데 성도들은 목회자에게 끌려 억지로 봉사하고 공부하고 모여야 하니 불행한 신앙생활을 하게 되고, 목회자는 성도들을 관리하고 억지로 이끌어 가야 하니 불행한 목회를 하게 된다. 무엇인가 많은 일들을 하지만 진정한 보람을 누리며 목회나 신앙생활을 하지 못하고 있다.

. 전도형 교회가 되어야 한다

교회는 반드시 부흥 성장해야 한다. 성도의 수가 교회의 힘이고 목회자의 힘이 된다. 온 교회가 전도를 가장 중요하게 생각하고 전도해 오는 교회가 되어야 한다. 교회 분위기가 전도의 중요성을 인식하지 못하거나 열정이 없기에 이 일이 이루어지지 않는다. 상당히 오랫동안 이 일에 힘써야 할 것이다.

교회 안에서는 전도하는 사람이 가장 귀하다는 분위기를 조성해야 한다. 그런데 현대 교회들은 등록 신자들은 환영하면서도 누가 인도해 왔는지에는 관심도 없다. 보다 더 드러내야 할 사람은 새 신자를 인도해 온 전도자이다. 전도자들을 더 내세우고 소개하고 격려하고 박수를 쳐주어야 할 것이다. 교회에서 전도자를 영웅으로 만들어 주는 분위기를 만드는 것도 중요하다.

전도를 권하는 설교도 정기적으로 한 달에 한 번 이상 하고 매 설교 때마다 강조하고 뇌리에 박히게 해야 한다. 목회자가 전도에 미쳐야 한다. 아니, 성도들에게 '우리 목사님은 전도에 미쳤어!'라는 인식이 박혀야 전도형 교회로서 성공할 수 있다. 그러므로 목회자는 꾸준히 정도를 강조하고 자신도 전도하는 모습을 성도들에게 보여주어야 할 것이다.

목회자 자신이 전도한 이야기들을 설교 시간에 자주 이야기해 주어야 한다. 그리고 성도들 중 전도를 잘하는 이들의 이야기도 해주고 그들을 예배 때 세워서 5분 간증을 하게 한다. 어떻게 전도하여 인도해 왔는지의 과정만 이야기해도 성도들이 크게 깨달을 것이다. '나도 저렇게 해 봐야지!' 하는 마음이 저절로 솟아 오를 것이다. 두세 명만 인도해 와도 강단에 세워서 간증하면 격려가 되고 새로운 힘을 얻어서 더 잘하게 될 것이고 성도들도 자극을 받아서 움직이게 될 것이다.

. 목회자의 목회 성향이 달라져야 한다

일반적으로 목회자는 성도들을 관리하는 관리 목회를 하고 있다. 잘 나오는 성도들을 더 헌신된 성도로 만드는 데 혼신의 힘을 쏟고 있다. 이것이 문제가 있다는 말이다. 잘 나오는 성도들은 가만히 두어도 잘 나오고 때를 따라 잘 봉사한다. 목회자가 가장 관심과 사랑을 가져야 할 사람은 새 신자이다. 새 신자를 맞이하고 교육하고 훈련시켜 성숙한 성도로 만드는 일에 혼신의 힘을 다 쏟아야 할 것이다.

목회자가 성도들을 관리하고 교육하고 섬기는 일에 너무 많은 에너지를 소진하기에 정작 새 신자에게 관심을 갖고 교육할 여력이 없는 것이 문제다.

잘 나오는 성도들은 성도 중에 인도자를 세워서 제자의 삶을 어떻게 살 것인가를 나누면서 삶에 적용하게 된다면 제자로서의 삶을 온전히 살 것이다.

전도하여 인도된 사람을 목회자가 반드시 성숙한 신앙인으로 만드는 교회 프로그램이 중요하다. 데려만 오면 목사님이 반드시 성숙한 신자로 만든다는 확신이 성도들에게 있어야 할 것이다.

그렇게 되려면 일반 성도들을 위한 프로그램에서 벗어나 새 신자 양육과 그들을 성숙한 그리스도인으로 만드는 것이 교회와 목회의 핵심 프로그램이 되어야 한다. 반드시 목회자가 주도적으로 진행해야 한다.

. 예배를 갱신해야 한다

예배의 순서 하나하나를 깊이 새겨보면서 순서마다 은혜와 감동이 있는지, 성령의 감동이 있는지를 살펴보면서 고쳐가야 할 것이다. 순서가 어떻게 짜여지는가도 중요하다. 그리고 자연스럽고 은혜롭게 매끄럽게 진행되는가도 중요하다.

은혜를 사모하고 준비하는 과정이 중요하다. 성도들이 말씀과 은혜를 기대하게 해야 한다. 말씀이 은혜롭고 삶에 적용되는 능력의 말씀이 되고, 분명한 축복기도와 문제해결과 병 고침의 역사를 위한 신유기도를 통해서 진정한 축복을 받고 간다는 은혜가 있어야 할 것이다.

담임목사는 예수의 이름으로 축복기도는 물론이고 병든 자와 어려운 문제들을 가신 자들을 위해서 신유기도와 더불어 해결과 축복기도를 분명하게 해주어야 한다. 그래야 예배에 참여한 자들은 자기 문제를 기도해 주고 축복을 받았으니 해결될 수 있을 것이란 믿음을 가지고 나가므로 예배드린 보람을 누리고 평안함과 희망과 기쁨을 가지고 돌아가게 될 것이다.

예배는 특별히 젊은 사람들도 좋아할 수 있는 형태가 되어야 젊은 이들이 유입될 것이고 교회의 미래 비전이 있을 것이다. 이를 위해 단순하고 참신하고 기쁨이 있는 예배 분위기를 조성하자.

2. 예수님이 원하셨던 교회의 모습

교회를 예수님이 세웠는데 예수님이 그렇게도 원했던 교회의 모습은 어떤 모습일까? 목회자나 성도 할 것 없이 이런 중요한 일에는 관심이 없는 것 같다. “신앙생활을 하는 데 있어서 가장 중요한 것이 무엇인가? 무엇이라고 생각하는가?”라고 목회자나 성도들에게 질문하면 예배, 기도, 말씀, 순종, 충성, 봉사, 섬김 등 여러 답변이 나왔다. 물론 그런 것들도 중요하다. 그러나 예수님이 가장 크고 중요하게 생각하시고 말씀하시고, 하라고 부탁하시면서 명령하신 일이 있다. 율법사가 예수님을 시험하여 질문한 내용이다.

1) 이웃 사랑, 영혼 구원 실천이다

마 22:34-40 "예수께서 사두개인들로 대답할 수 없게 하셨다 함을 바리새
인들이 듣고 모였는데 [35]그 중의 한 율법사가 예수를 시험하여 묻되 [36]선생님
율법 중에서 어느 계명이 크니이까 [37]예수께서 이르시되 네 마음을 다하고
목숨을 다하고 뜻을 다하여 주 너의 하나님을 사랑하라 하셨으니 [38]이것이
크고 첫째 되는 계명이요 [39]둘째도 그와 같으니 네 이웃을 네 자신같이 사랑
하라 하셨으니 [40]이 두 계명이 온 율법과 선지자의 강령이니라"

많은 사람들이 이 중요한 말씀을 잘 알지만 지나쳐 버리고 무시하고 산다. 율법 중에 가장 큰 계명에 대한 질문에 "하나님 사랑과 이웃 사랑", 이 두 계명이 온 율법과 선지자의 강령이라고 하셨다. 신구약성경 중에서 가장 크고 첫째 되는 계명이라고 하셨다.

"그와 같으니"란 말은 무엇보다도 하나님을 사랑하는 만큼 이웃을 사랑하라는 말씀이다. 하나님 사랑과 이웃 사랑을 동급으로 하라는 말씀이다. 이것이 계명이고 강령이라고 하신다.

하나님을 사랑하는 사람은 이웃을 사랑하지 않을 수 없다. 내가 하나님을 사랑하는 정도는 이웃을 사랑하는 상태를 보면 알 수 있다. 내가 보이지 않는 하나님을 사랑한다면서 보이는 이웃을 사랑하지 않는다면 그것은 거짓말일 수 있다. 하나님을 마음을 다하고 목숨을 다하고 뜻을 다하여 사랑해야 하는데 이웃도 그렇게 사랑해야 한다는 말씀이다. 진정 하나님과의 관계는 이웃과의 관계를 보면 알 수 있다.

여기서 말하는 이웃은 믿지 않는 모든 이웃을 말한다.

이웃이 지옥 가는 것을 보면서도 아무런 감정이 없다면 천국과 지옥을 믿는 것인지 확인해 봐야 한다. 우리는 이웃을 향해 무관심하고 상관하지도 않는다. 마치 우리만 천국 가면 된다는 식이다.

그럼에도 불구하고 하나님을 사랑하는 마음과 삶은 대단한 것이 사실이다. 하나님을 섬기고 예배드리고 기도하면서 말씀을 따라 살려고 노력하는 것을 보면 90점짜리 성도는 되는 것 같다. 그러나 하나님과 같이 사랑해야 하는 이웃을 사랑하는 것에는 10점도 주기가 어렵다. 과연 몇 점을 주어야 할까? 믿지 않는 이웃들에게 관심도 없고 상관하지도 않고 안타까운 마음도 없다. 그들을 전도해서 영혼을 구원할 생각이 아예 없는 것은 아닌가?

아니, 믿는 이웃에게마저 관심 없는 것은 아닌가? 교회에 온 아직 어린 새신자나 가난하고 병들고 실패하고 찌든 사람이 예수 믿으려고 교회에 나왔는데 그들에게 얼마나 관심과 사랑을 보이면서 섬기고 도와주는가? 나와 동등하여 즐거운 교제를 할 수 있는 이들과만 교제하거나 아니면 나에게 유익이 될 만한 사람들에게 접근해서 교제하기를 원하고 있지는 않는가? 교회 안에서 진정한 이웃 사랑이 자리잡아야 한다. 그리고 이런 진정한 이웃 사랑을 실천하는 사람이 교회 안에서도 존경 받는 문화가 정착되어야 할 것이다.

병든 자, 어려운 자, 도움이 필요한 자, 새신자나 약한 자들을 구체적으로 돕고 섬기는 사람이 두드러지고 존중되는 교회가 되어야 한다.

이것이 가장 큰 계명이고 신구약의 강령이라고 한 주님의 말씀은 여기밖에 없다. 주님이 크고 중요한 일이므로 직접 말씀하셨다면 당연히 우리도 그렇게 해야 하는 것이 아닌가? 우리는 이 말씀을 기억하고 실천해야 할 것이다. 10점짜리도 되지 않는 이웃 사랑을 90점으로 끌어올리는 것이 우리가 해야 할 현실적인 사명이다. 이제까지는 못 깨달아서 그랬다고 할 수 있지만 이제는 알았으니 실천할 의무가 있다.

우리가 신앙생활을 하면서 주님께서 우선순위로 할 것을 말씀하셨는데 이것을 제쳐두고 딴짓만 하고 있으면 이는 기본도 안 되는 처사이다. 이웃을 사랑하는 것은 믿지 않는 이웃에게 복음을 전하여 지옥 가지 않도록 그 영혼을 구원하는 일이다. 이웃 사랑 실천이 그렇게도 어렵다는 사실을 잘 아는 주님께서는 이웃 사랑을 실천하라고 마지막 유언을 남기셨다.

2) 유언으로 지상명령을 주셨다

마 28:18-20 "예수께서 나아와 말씀하여 이르시되 하늘과 땅의 모든 권세를 내게 주셨으니 19그러므로 너희는 가서 모든 민족을 제자로 삼아 아버지와 아들과 성령의 이름으로 세례를 베풀고 20내가 너희에게 분부한 모든 것을 가르쳐 지키게 하라 볼지어다 내가 세상 끝날까지 너희와 항상 함께 있으리라 하시니라"

부활하시고 하늘과 땅의 모든 권세를 받은 주님께서 "너희는 가서……복음을 전해 제자로 삼아라"고 부탁하시면서 명령하셨다. 다시 말하면 이웃을 사랑하라는 말씀은 구체적으로 가서 모든 사람에게 복음을 전하여 구원하라는 명령이요 부탁이다. 그리하면 세상 끝날까지 너희와 항상 함께하겠다고 약속하시면서 우리에게 사명을 주신 것이다. 이 일을 위하여 교회를 세우셨다. 교회가 이 일을 하지 않는다면 이미 교회가 아니고 친교 단체일 뿐이다.

우리는 이 지상명령의 "가라"는 말씀을 순종할 생각도 하지 않고 교회에 앉아서 "오라"고만 한다. 우리가 이 말씀에 순종하지 않으니 주님이 함께하지 않으신다. 그러므로 오늘날 교회에 기적이 일어나지 않는 것은 아닌가 심각하게 생각해 보아야 할 것이다.

3) 이 복음을 능력 있게 전하며 사역하라고 예수님께서는 성령의 권능을 주셨다

행 1:8 "오직 성령이 너희에게 임하시면 너희가 권능을 받고 예루살렘과 온 유대와 사마리아와 땅끝까지 이르러 내 증인이 되리라 하시니라"

부활하신 주님께서 승천하실 때에 곧 성령이 임할 것이고 성령은 권능이기 때문에 예루살렘과 온 유대와 사마리아와 땅끝까지 내 증인이 되게 하겠다고 하셨다. 그리고 사도행전 2장에 성령의 충만함이 임했다. 성령을 받은 제자들은 예루살렘에서 복음을 전하기 시작했는데 놀라운 일이 일어났다.

하루에 3천 명이 세례를 받는가 하면, 얼마 되지 않아 5천 명이 되고, 조금 후에는 셀 수 없을 만큼 구원받는 사람들이 많아졌다. 핍박이 시작되고 위기감을 느낀 성도들은 사마리아로 안디옥으로 피난 가서도 복음을 전하니 사마리아, 안디옥 등의 도시에서는 소동이 일어났다고 성경은 기록한다. 안디옥 교회에서는 바울과 바나바를 선교사로 파송하기도 한다.

이 일을 위하여 교회를 세우셨고 이것이 바로 교회의 존재 목적이다. 교회와 구원받은 성도의 의무요 사명이다.

그러면 우리는 성령의 권능을 받았는가? 언제 받았는가? 많은 성도들이 이에 대한 확신이 없다. 이것이 더 큰 문제이다. 신약 시대에 성도들은 예수를 믿을 때에 마음 문을 열고 예수님을 영접할 때에 성령이신 하나님이 내 안에 들어오셔서 나와 함께 사신다고 하였다.

계 3:20 "볼지어다 내가 문 밖에 서서 두드리노니 누구든지 내 음성을 듣고 문을 열면 내가 그에게로 들어가 그와 더불어 먹고 그는 나와 더불어 먹으리라"

내가 마음 문을 열고 예수님을 영접하면 예수의 영인 성령께서 내 안에 들어와서 함께하시고 식구가 되어 살겠다고 하신다.

요 1:12-13 "영접하는 자 곧 그 이름을 믿는 자들에게는 하나님의 자녀가 되는 권세를 주셨으니 [13]이는 혈통으로나 육정으로나 사람의 뜻으로 나지 아니하고 오직 하나님께로부터 난 자들이니라"

예수님을 믿는 자 곧 예수님을 영접한 자는 하나님의 자녀가 되는 권세를 받았다. 이미 하나님 나라를 상속 받는 자가 되었고 하나님의 영이 내 속에 오셨다. 그러기에 기도 응답이나 병 고침이나 문제가 해결되고 복을 받는 것은 덤이다.

예수를 영접한 자는 이미 성령이 그 속에 들어오셔서 역사하고 계신다. 성령께서 깨닫게 하시고 알게 하시고 일깨워 주시고 명령하시는 것만 순종하면 성령의 권능이 역사하게 되어 있다. 많은 그리스도인들은 성령 충만 받으려면 금식기도를 하고 특별기도를 하고 특별한 수단을 동원해야 되는 것으로 착각한다. 그러나 우리 안에 이미 임재하신 그분께 순종하면 순종할수록 성령은 충만해진다.

우리가 이 말씀을 기억하고 믿지 않는 이웃에게 나아가서 최소한 만나는 사람마다 한 마디씩만 해도 성령의 권능의 역사가 나타날 줄 믿는다.

막 9:23 "예수께서 이르시되 할 수 있거든이 무슨 말이냐 믿는 자에게는 능히 하지 못할 일이 없느니라 하시니"

막 16:17 "믿는 자들에게는 이런 표적이 따르리니 곧 그들이 내 이름으로 귀신을 쫓아내며 새 방언을 말하며 [18]뱀을 집어 올리며 무슨 독을 마실지라도 해를 받지 아니하며 병든 사람에게 손을 얹은즉 나으리라 하시더라"

무슨 설명이 더 필요한가?

요 14:12-13 "내가 진실로 진실로 너희에게 이르노니 나를 믿는 자는 내가 하는 일을 그도 할 것이요 또한 그보다 큰 일도 하리니 이는 내가 아버지께로 감이라 [13]너희가 내 이름으로 무엇을 구하든지 내가 행하리니 이는 아버지로 하여금 아들로 말미암아 영광을 받으시게 하려 함이라"

예수님이 하신 일은 물론 그보다 더 큰 일도 할 수 있다고 말씀하신다.

여기서 유의할 점은 큰 믿음이라고 한 적도 없고 그냥 믿음, 믿는 자라고 했다. 우리는 대단한 믿음을 소유하고 대단한 사람이어야 역사와 기적이 일어난다고 착각하는데 그렇지 않다. 예수님은 오히려 작은 믿음을 언급하고 계신다. 겨자씨 한 알만 한 믿음이라도 오히려 큰 기적이 나타날 것이라고 말씀하신다.

마 17:20 "진실로 너희에게 이르노니 만일 너희에게 믿음이 겨자씨 한 알만큼만 있어도 이 산을 명하여 여기서 저기로 옮겨지라 하면 옮겨질 것이요 또 너희가 못할 것이 없으리라"

그런데 우리의 문제는 무엇인가? 바로 순종하지 않는다는 것이다. 순종하지 않으니 어떤 일도 일어나지 않는다. 하나님은 순종하는 자에게 성령도 주시고 충만하게 하시고 기적도 능력도 주신다.

행 5:32 “우리는 이 일에 증인이요 하나님이 자기에게 순종하는 사람들에게 주신 성령도 그러하니라”

하나님은 자신에게 순종하는 이들에게 성령을 주신다고 하신다. 성령 충만하고 응답과 기적과 능력을 체험하고 살려면 내 안에 계신 성령께 순종하는 삶이 중요하다.

4) 권능을 가지고 행사하게 하셨다

예수님이 하신 제자훈련 방식은 지식 전달이 아니고 능력 배양이었다. 제자를 부르시고 훈련 단계에 교실 강의를 하신 것이 아니다. 현장에서 보여주시고 함께하시면서 내어보내 전도하게 하셨다.

막 3:13 “또 산에 오르사 자기가 원하는 자들을 부르시니 나아온지라 [14]이에 열둘을 세우셨으니 이는 자기와 함께 있게 하시고 또 보내사 전도도 하며 [15]귀신을 내쫓는 권능도 가지게 하려 하심이러라”

오늘날 교회들은 많이 가르치기는 하지만 내어보내어 전도도 하고 귀신 쫓는 권능을 가지게 하지 않는다. 이는 성경적이지 못하다. 교회를 예수님이 세우셨다면 교회는 예수님의 방법을 써야만 할 것이 아닌가? 현대 교회는 가장 많이 설교하고 가르치고 훈련도 시키지만 성경을 제쳐두고 인간적인 방법만 동원하여 주님이 원하시는 교회를 세우지 못하고 있는 것은 아닌지. 생각해 보아야 한다.

예수님은 함께하시면서 전도하는 것을 실제로 보여주고 본 대로 하라고 내어 보내어 권능을 행사하게 하셨다. 그런데 오늘날 교회는 성경을 배우고 이론과 지식과 교리는 배우지만 전도 현장을 볼 수가 없다. 이제부터라도 전도 환경을 만들어 가는 교회가 되도록 하자.

이렇게 예수님은 간절한 마음으로 말씀하시고 부탁하시고 명령하셨지만 오늘날 교회는 주님의 그 소원에는 귀를 막고 있는 것이 아닌가? 우리는 성경을 그냥 보지 말고 중요한 맥을 잡고 보아야 한다. 그 말씀에 순종하며 행동으로 옮기는 신앙이 필요하다.

신약성경에서 예수님은 일관되게 말씀하셨다. 하나님을 사랑해야 하지만 이웃도 하나님만큼 사랑하라는 명령을 받들어야 한다. 마지막 유언으로 이웃을 사랑하여 가서 복음을 전하면 항상 함께하겠다고 하셨다. 복음을 전할 수 있도록 성령의 권능을 주시고, 순종해서 주의 이름으로 권능을 행사할 수 있게 하셨다. 뿐만 아니라 예수님은 삶으로 보여주시고 제자들에게 전도도 하고 귀신을 내어쫓는 권능을 행사하도록 하셨다.

현대 교회는 명심하여 예수님의 말씀대로 순종하고 예수님이 바라고 원하셨던 교회를 만들어 가도록 최선을 다하자.

이런 교회를 만들어 가려면 어떻게 할 것인가를 고민하고 기도하면서 36년 목회를 되돌아보았다. 최선을 다한 목회였고 한국교회의 건강한 모델이 된 교회를 이루었지만 '그때 이렇게 했었으면 더 좋았을 것을' 하는 내용을 정리하여 교회의 새로운 프로젝트를 만들었다.

3. 전도형 교회가 되어야 한다

1) 교회의 최우선순위는 전도라는 인식을 심어주자

교회가 전도형 교회가 되어야만 교회의 활력과 부흥과 성장이 보장된다. 초대교회와 같은 교회가 된다는 말이다. 목회자와 성도가 모든 에너지를 영혼 구원 전도 활동에 쏟아 부을 수 있으므로 영적, 양적 교회 부흥이 보상된다.

전도 대상자의 폭을 넓혀 만나는 모든 사람에게 복음을 전해야 한다. 많은 교회가 성도들에게 전도 방법을 가르치기도 하고, 제한하여 전도 대상자를 정하기도 하여 집중 전도에 힘을 쏟는다. 그마저도 어느 특별한 시기에만 하는 경우가 많다.

전도 방법은 모든 경우에 통용되지 못한다. 특별한 상황이나 특별한 사람에게만 집중되기 때문이다. 모든 사람에게 통용되는 방법은 없다. 전도 대상자를 정하고 관계 전도만 추구할 때 다행히 전도가 되는 수도 있겠지만 많은 경우에 시간이 오래 걸리고 이사 가고 거부하고 만나 주지도 않고 끊임없이 섬겨도 반응이 없을 때 낙심하게 된다. 그 후에는 전도는 안 되는 것이라고 인식되면 다시는 전도할 생각도 못하는 경우가 허다하다.

2) 성령의 인도하심을 믿고 전도하자

그래서 우리 안에 있는 성령의 인도하심을 인정하고 경험하면서 성경대로 모든 사람을 대상으로 하는 가장 쉽고 보편적인 전도 방법이 있다. 이것을 표어로 만들어 보았는데 "만나는 사람마다 전도 한마디" 이다. 성도들 모두가 만나는 사람마다 전도 한마디씩 할 수만 있다면 반드시 소동이 일어날 것이다. 가장 쉬운 전도 방법이다.

전도하는 방법을 가르치고 그 방법대로만 하는 것은 모든 사람에게 통용되지 않기 때문에 어려워지기만 한다. 그 방법이 통하는 몇 사람은 가능하지만 모든 사람에게 적용하기는 어렵다.

만나는 사람과 이야기하면서 성령님을 의지하고 전도 한마디를 하기로 마음먹고 기도하면 내 안에 계신 성령께서는 적당한 말 한마디 생각나게 하실 것이고, 그렇게 말하면 반응이 있을 것이다. 전도는 내가 하는 것이 아니고 성령께 순종하여 하면 성령께서 이루시는 일이다.

"예수 믿읍시다", "나는 교회에 갑니다", "우리 교회 같이 다닙시다", "당신의 병, 하나님은 고쳐 주십니다", "당신의 문제는 하나님이 해결하실 수 있습니다", "예수 믿으면 복 받고, 문제 해결되고 병 낫고, 자녀 문제나 가정, 집안 문제도 해결될 수 있습니다." 등 여러 간단한 말로 한마디 할 수 있다. 여기에 대해 반응이 시원찮으면 지나가면 된다. 좋은 반응이 나타난다면 점진적으로 전도하면 되는 것이다. 성령께서 주시는 방법대로 하면 된다.

길을 가면서도 지나치는 사람들 중에 내 마음이 가는 사람이 있다면 한마디 던져 보는 것이다. 반응을 따라 지나치든지 계속하면 될 것이다.

> **요 14:26** "보혜사 곧 아버지께서 내 이름으로 보내실 성령 그가 너희에게 모든 것을 가르치고 내가 너희에게 말한 모든 것을 생각나게 하리라"

가만히 있는데 병든 이웃이나 어려움 당한 이웃, 친척이나 아는 사람이 생각날 때는 성령께서 생각나게 하시는 줄 알고 가서 위로하고 마음 아파해 주고 기도해 주고 예수 믿자고 하여 교회로 인도해 오면 될 것이다.

초대교회 성도들이 그렇게 지식이 많거나 성경을 많이 배운 증거를 찾아 볼 수 없다. 그러나 그들은 예수를 믿고 성령을 받고는 곧바로 예수를 전한 것을 성경을 통해서 볼 수 있다. 그러므로 수가 늘어나 부흥하고 복음이 순식간에 확산된 것을 볼 수 있다.

행 5:42 "그들이 날마다 성전에 있든지 집에 있든지 예수는 그리스도라고 가르치기와 전도하기를 그치지 아니하니라"

고전 1:21 "하나님의 지혜에 있어서는 이 세상이 자기 지혜로 하나님을 알지 못하므로 하나님께서 전도의 미련한 것으로 믿는 자들을 구원하시기를 기뻐하셨도다"

현대 교회와 성도들은 너무 지식적으로 복음적인 설명과 방법을 가지고 전도하려고 하니 인간적이 되고 성령의 이끌림이 약하고 능력이 나타나지 않는다. 자기 지혜로, 말로, 방법으로 하려고 한다. 그러나 성경은 그렇게 하지 말라고 하신다.

하나님의 능력을 믿고 성령을 의지하고 성령의 이끌림과 인도하심을 따라 그저 순종하는 신앙생활과 복음을 전하는 전도자로서 사는 삶은 신앙생활의 기본이요 교회나 목회자가 가장 중요하게 생각하고 가르치고 행하게 해야 한다.

고전 2:4 "내 말과 내 전도함이 설득력 있는 지혜의 말로 하지 아니하고 다만 성령의 나타나심과 능력으로 하여"

고전 2:5 "너희 믿음이 사람의 지혜에 있지 아니하고 다만 하나님의 능력에 있게 하려 하였노라"

고전 2:4 "내 말과 내 전도함이 설득력 있는 지혜의 말로 하지 아니하고 다만 성령의 나타나심과 능력으로 하여"

골 4:3-4 "또한 우리를 위하여 기도하되 하나님이 전도할 문을 우리에게 열어 주사 그리스도의 비밀을 말하게 하시기를 구하라 내가 이 일 때문에 매임을 당하였노라 [4]그리하면 내가 마땅히 할 말로써 이 비밀을 나타내리라"

이렇게 성경 곳곳에서 성령이 하게 하시겠다고 말씀하셨는데도 우리는 어렵다고만 생각하고 있었다. 이제 복음을 전하는 것은 우리가 마음만 먹고 실행하면 반드시 성령께서 개입하셔서 되도록 하시겠다는 말씀을 믿고 전도에 나서자.

3) 전도하는 성도가 교회의 영웅이 되게 하자

대부분 교회에서 등록하는 새 신자는 소개하고 환영하는 반면 데려온 기존 성도는 뒷전에 두고 만다. 오히려 인도해 온 성도를 등록한 새 신자와 같이 일으켜 세우거나 앞으로 나오게 하여 대대적인 격려와 환영을 하는 것이 전도형 교회로 만드는 한 방법이다. 새 신자에게 선물을 준다면 데려온 자도 함께 선물을 주는 방법도 생각해 볼 필요가 있을 것이다.

뿐만 아니라 담임 목회자가 등록 신자를 만날 때도 전도하여 인도해 온 성도를 함께 참여시켜서 목회자가 개인적으로도 격려하고 계속해서 신앙이 성숙할 때까지 책임지고 인도해 올 것을 독려하면 훨씬 효과가 있다. 한 주만 아니고 두 번, 세 번 함께 만나 준다면 더욱 효과를 기대할 수 있다. 모범적으로 몇 명을 전도해 온 성도는 담임목사가 특별히 좋은 식당에서 대접하여 격려해도 큰 격려가 될 수 있고 좋은 소문과 반응을 기대할 수도 있을 것이다.

교회 안에서도 전도 많이 하는 사람이 가장 중요한 사람으로 인지되어야 한다. 직분도 전도를 잘하는 사람에게 주어야 할 것이다. 중직자는 전도에 더 탁월한 사람만 세울 필요가 있다. 전도를 많이 하고 잘하는 사람을 직분자로 세우면 교회에 말썽 생기는 일이 없다. 전도에 열중하는데 목회나 교회에 간섭하거나 불평이 있을 수 없기 때문에 교회가 평안하고 목회가 수월해질 것이다.

4) 목회의 우선순위를 전도에 두어야 한다

목회자가 전도에 미친 사람처럼 온 교회가 전도에 열광하도록 만들어야 한다. 그렇게 하려면 목회자는 정기적으로 한 달에 한 번 전도해야 하는 이유를 설교하자. 전도 설교를 어려워하는 이들이 있는데 사실은 사복음서 전체가 예수님이 전도한 기록이다. 예수님의 사역 자체가 전도 사역이다.

정기적인 전도 설교로도 부족하다. 매번 설교할 때마다 전도를 강조해야 한다. 계속해서 설교에 전도라는 말이 나오면, 입에 거품을 물고 한 옥타브 톤을 올려 강조하면서 1년만 지나면 전도형 교회가 될 것이다.

1년에 한 번 정도는 이웃 초청주일을 만들어 온 교회가 힘을 쏟아 믿지 않는 이웃을 초청해 와서, 그들 중에 예수 믿기로 결신한 이웃을 중점적으로 관리하자. 예를 들면 초청주일 다음 주일은 결신한 사람들을 다시 초청하여 식사도 같이 하고 계속해서 교회 나올 수 있는 분위기를 만들어 주자. 뿐만 아니라 그들이 계속 교회에 나올 때 교육할 수 있는 프로그램도 필요하다. 즉 한 사람도 놓치지 않고 성숙한 교인을 만드는 시스템이 필요하다.

5) 전도해 오면 반드시 성숙한 성도를 만들어 준다는 확신이 필요하다.

전도하여 사람을 데려오면 반드시 목사님이 성숙한 성도로 만들어 준다는 확신이 성도들에게 있어야 한다. 데려와 봐야 몇 주 혹은 몇 달 나오다가 그만 낙심해버리고 만다면 전도할 의욕이 나지 않을 것이고, 점점 전도할 마음이 생기지 않게 된다. 심지어 1년 이상 잘 나오던 성도도 어느 날 시험을 당하거나 어려워지면 교회 출석을 중단해버리는 경우가 허다하다. 현재 새 신자가 정착하는 비율이 얼마나 낮은가? 10-

20%정도밖에 안 되는 게 현실이라고 한다. 새 신자를 3-6개월 안에 성숙한 성도로 만들지 않으면 제대로 된 신앙의 성숙을 기대할 수 없다.

그러려면 목회자는 목회의 우선순위를 새 신자에게 두어서 그들을 어떻게 교육해야 성숙한 신앙인으로 성장시킬 수 있을까를 연구하고 힘써야 한다. 여기에 목회 생명을 걸지 않으면 교회의 부흥과 성장은 기대할 수가 없기 때문이다.

성도들이 내가 전도하여 교회로 인도해 가면 담임 목사님은 반드시 어떤 경우에도 영적으로 성숙한 성도로 만들어 내고야 만다는 확신이 들 때 전도형 교회는 세워진다는 것을 명심하자.

6) 교회의 핵심 프로그램이 새 신자 양육 프로그램이어야 한다

현대 교회의 핵심 프로그램은 잘 나오는 성도를 교육하는 내용이 주를 이룬다. 잘 나오는 성도들은 내버려 두어도 잘 나오게 되어 있고 때를 따라 봉사도 잘 한다. 여기에 목회의 전력을 쏟아 부으니 정작 새 신자는 다 놓치고 교회의 부흥과 성장을 기대할 수 없게 된다.

목회자가 모든 성도들의 뒷바라지를 하고 관리하며 진액을 쏟으니 새 신자에게 관심과 사랑과 가르침을 쏟을 수가 없다. 한 주인이 두 주인을 섬기지 못하듯이 목회자는 모든 영역을 완벽하게 만들어 갈 수가 없기에 힘들고 스트레스만 쌓여가는 것이다. 이 핵심 새 신자 교육은 반드시 담임 목회자가 맡아서 책임 사역을 하자. 그러면 새 신자의 성숙과 맞물려 교회는 성장한다.

잘 나오는 성도에 대한 기본 교육은 평신도 지도자들이 인도하면서 제자의 삶을 나누며 삶에 적용하고, 현실적인 삶을 나누고, 격려하고 위로하고 기도하는 모임을 갖도록 한다. 이러한 모임을 통해 신앙도 성숙하고 삶도 변해 제자의 삶을 살게 하자. 이런 구체적인 방법을 실제적으로 제시하는 것이 이 책의 주제이다.

4. 새 신자의 믿음을 성숙시켜야 한다

새 신자를 잘 관리하고 교육하여 믿음의 사람으로 만들어 전도할 수 있는 예수의 제자로 만드는 것을 교회의 핵심 프로그램으로 만들자. 새 신자를 놓치면 교회의 부흥과 성장을 놓치는 것이나 마찬가지다. 구체적으로 새 가족과 만나 목회자와 가까워지게 하고 전도자가 더욱 책임감을 갖고 계속 인도해오도록 하는 것이 중요하다.

다음은 믿음의 기초를 세우는 교육이 필수적이다. 그리고 구원의 확신을 가지는 것도 무엇보다도 중요하다. 새 가족 환영회나 성령체험을 할 수 있는 특별한 시간을 만드는 것도 도움된다.

1) 새생명반

- 새 가족이 담임목사와 3주간 만나는 행복 교제

전도형 교회로 부흥과 성장을 계속하기 위해서는 새 신자를 속히 교회에 정착시켜야 한다. 담임목사는 여기에 목회 생명을 걸고 최선을 다해야 한다. 전도하여 데려온 성도와 새 신자를 묶어 주어 모든 새 신자 교육이 끝날 때까지 데려오는 일에 힘쓰도록 한다.

새 신자가 교회에 잘 정착하도록 담임목사에게 친근감을 느끼게 하고 전도자가 책임 있게 데리고 다닐 수 있도록 격려한다. 3주 동안 전도자와 새 신자가 함께 담임목사와 만나 다과나 식사를 나누고 신앙생활의 간단한 원리를 이야기해 주므로 담임목사와 신뢰를 쌓도록 한다. 상황에 따라 두 번 만날 수도 있다. 한 번이라도 더 만나면 친근감과 신뢰감이 더해지므로 8주 믿음의 삶을 시작하는 데 도움이 된다.

8주 동안 이어지는 "믿음의 삶"은 다음에 자세히 설명하겠지만, 새 신자의 가장 기본적인 교육이며 일반 성도들도 기본 신앙을 재점검하고 재교육할 수 있는 교육이며 담임목사가 기본적으로 하는 핵심 교육이다.

다음 과정인 《믿음의 삶》 8주 과정을 언제 어디에서 하는지 안내하고 기대하며 참여하도록 잘 설명해 준다.

담임목사가 새 신자 교육을 담당하여 새 신자를 잘 양육하고 성숙시킴으로 성도들은 교회에 불신자를 데려오기만 하면 목사님이 성숙한 성도로 만들어 준다는 신뢰감을 주어야 한다. 담임목사도 불신자가 신자로, 나아가 성숙한 신앙인으로 자라는 모습을 보면서 진정한 목회의 행복을 누릴 수 있다.

. 새생명반 지침

새 신자가 왔을 때 인도자가 간단한 등록카드를 써서 안내자에게 주면 안내부장은 모아서 광고 전까지 담임목사에게 전달한다. 스스로 나온 새 신자에게는 안내자가 친절히 다가가서 오게 된 경위를 확인하고 간단히 등록카드에 기록하여 전달한다. 등록카드는 이름과 전화번호, 인도자 이름, 등록 여부, 방문 여부, 몇 번만 와 보는지 등에 표시하는 정도면 좋다.

담임목사는 광고 후 새 신자들을 전도자와 함께 호명하여 소개하고 대대적인 환영 분위기를 띄운다. 전도자나 새 신자에게 그 자리에서 공개적으로 선물하는 것도 효과적이다. 등록하지 않은 방문자나 손님도 간단히 소개하고 박수로 환영한다.

등록한 새 신자는 인도자와 함께 새신자실에서 모인다고 광고하여 함께 오도록 한다. 새신자실에서는 미리 다과나 식사를 준비하여 정성스레 접대하고 친절하게 안내한다. 다과나 식사를 하면서 새 신자를 한 분씩 확인하고 전도자들을 격려한다.

이것을 3주간 계속하여 담임목사와 새 신자, 전도자가 서로 친숙해지고 소통과 신뢰를 쌓아간다. 3주간은 면담 후 약 2-3분 정도 간단한 주제로 쉽게 기본적인 신앙에 대해 이야기해 준다. 이때 내용이 복잡하거나 딱딱한 강의가 되지 않도록 한다.

그리고 다음 단계 《믿음의 삶》 8주 과정이 있다는 사실과 신앙생활에 절대 필요한 가장 중요한 과정임을 강조하면서 참여할 것을 새기게 한다. 가능한 한 《믿음의 삶》 8주 과정을 새 신자가 최대한 빨리 참여할 수 있도록 목회적인 배려를 하자.

아래의 세 번 만남과 그에 따른 간단한 강의는 하나의 예시일 뿐이다.

. 만남과 강의 모범

첫 만남

등록한 새 신자의 신상을 파악하고 신앙경력은 있는지, 신앙배경은 어떤지, 교회에 나온 특별한 이유가 있는지를 파악한다. 그리고 편안하게 다과나 식사를 하도록 권한다. 새 신자를 위해서 기도하지 말고 그냥 먹을 수 있도록 한다. 전도자를 함께 격려하고 3주 동안 새 신자와 꼭 같이 와야 하고 앞으로 《믿음의 삶》 8주 과정 동안 꼭 인도해 올 것을 확인한다. 새 신자에게는 주일에 빠지지 말고 참여하고 전도자와 긴밀하게 교제해야 신앙생활을 잘할 수 있다고 강조한다.

우리 교회는 행복하게 신앙생활 하는 것을 가장 중요한 목표로 삼고 있습니다. 그리고 새로 오신 분들이 가장 행복하고 보람되게 신앙생활 할 수 있도록 도와주기를 원합니다. 그래서 저와 직접 3번을 만나고 다음은 믿음의 기초를 든든히 세워드리기 위해서 8주 동안 "믿음의 삶"이라는 특별한 시간을 가지는데 그때 꼭 참여하시기를 부탁드립니다(언제 어디서 이 과정을 하는지 분명히 안내하여 기대를 갖도록 만든다).

여러분은 정말 교회에 잘 오셨습니다.

사람은 영적인 존재입니다. 사람들은 의식주 문제를 크게 생각하는데 이것이 충족되어도 영적인 만족이 없으면 공허감을 느낍니다. 하나님께서는 동물과는 달리 하나님과 교제하도록 창조하셨습니다. 인간은 하나님과 진정한 교제가 이루어질 때만이 참 만족과 평안을 누립니다. 교회에 나와서 예수님을 믿음으로 하나님과의 완전한 교제가 이루어집니다.

인간의 생사는 하나님이 주관하십니다. 예를 들면 출생, 부모, 복, 조국, 성 등은 내가 선택할 수 없습니다. 앞으로 잘되고 못 되고도 내 영역이 아닙니다. 복의 근원이신 하나님이 주관하시고 하나님께만 달려 있습니다.

참 잘 오셨습니다. 이제 예수 믿으면 우리의 문제도 해결되고 이 세상을 지으시고 운행하시는 하나님의 복을 누릴 수가 있습니다. 이 세상에서 평안과 형통의 복을 받고 원하는 소원이 이루어집니다. 다음 세계에서는 천국의 복을 누리게 됩니다.

사람들은 죄 때문에 이 복을 누리지 못하고 지옥에 갈 수밖에 없습니다. 예수님은 우리의 죄를 해결해 주실 뿐만 아니라 구원받아 천국 가게 하시고 이 땅에서 복을 받으며 누리며 살게 하시는 분이십니다. 이제 교회를 잘 다니시면서 예수 믿고 이 복을 누리시길 바랍니다.

다음 주에 또 여기서 만나기를 기대합니다.

두 번째 만남

지난주 등록한 이들의 이름을 불러 주며 반갑다고 환영한다. 전도자에게도 수고했다고 격려한다. 오늘 등록한 분들의 이름과 신상을 확인하고 잘 오셨다고 환영한다. 다과나 식사를 편하게 많이 드시라고 권하면서 교회에 오게 된 동기도 들어 본다.

전도자를 함께 격려하고 3주 동안 꼭 이곳에 같이 와야 하고 앞으로 《믿음의 삶》 8주 과정 동안 꼭 인도해 올 것을 확인한다. 새 신자에게는 주일 빠지지 말고 참여하고 전도자와 긴밀하게 교제해야 신앙생활을 잘할 수 있다고 강조한다.

간단한 강의

우리 교회는 여러분이 행복하게 신앙생활 하도록 도와드리는 것을 가장 중요한 목표로 삼고 있습니다. 그래서 저와 직접 3번을 만나고 다음은 믿음의 기초를 든든히 세워 드리기 위해서 8주 동안 "믿음의 삶"이라는 특별한 시간을 가지는데 그때는 꼭 참여하시기를 부탁드립니다(언제 어디서 이 과정을 하는지 분명히 안내하여 기대를 갖도록 만든다).

여러분은 정말 교회에 잘 오셨습니다.

교회를 통해서 예수님을 만나고 믿습니다.

예수님은 누구십니까? 예수님은 인간의 구원을 위하여 하나님과 인간 사이의 교량 역할을 한 분이십니다. 그리고 보이지 않는 하나님께서 구체적으로 자신을 보이셨는데 그분이 바로 예수님이십니다. 예수님은 단순히 사람이 아니요, 신성을 가지신 참 하나님이십니다. 그러면서 참 사람이시고 죄는 없으십니다. 지금은 이해가 잘 안 되시겠지만 그냥 들어 놓으시면 신앙생활 하시는 데 큰 도움이 될 것입니다.

하나님이신 예수님께서는 우리를 죄와 마귀, 사망의 권세에서 구원하시기 위해서 이 땅에 인간으로 오셨습니다. 그리고 우리의 죄를 대신하여 십자가에 달려서 죽어 주셨습니다. 죄 많고 타락한 인간이 자기 힘으로 구원받을 수 없음을 아셨습니다. 그래서 예수의 공로로 구원을 얻도록 하셨습니다. 누구든지 예수를 믿는 자마다 멸망치 않고 영생을 얻게 하기 위하여 오셨습니다.

예수님께서는 우리의 죄를 대신하여 십자가에 달려 죽으신 지 사흘 만에 완전히 살아나셔서 우리에게 부활의 소망을 주셨습니다. 생명 자체이신 예수님이 부활한다는 것은 어려운 일이 아닙니다. 부활하심으로 예수님의 가르침과 행하셨던 모든 일이 참 진리임을 확증하셨습니다. 우리는 다른 종교 창시자들처럼 죽고 무덤 속에 있는 이를 믿는 것이 아닙니다. 부활하셔서 지금도 우리 가운데 살아 계신 예수 그리스도를 믿는 것입니다.

그래서 예수님의 이름으로 기도하면 들어 주십니다. 소원도 들어 주시고 병도 고쳐 주시고, 능력도 기적도 일어납니다. 지금도 교회 안에서 예수님 믿는 성도들에게 놀라운 기적이 일어나고 구원의 축복을 누리고 있습니다. 다음 주에 또 여기서 만나기를 기대합니다.

세 번째 만남

지난주 등록한 이들의 이름을 불러 주며 반갑다고 환영한다. 전도자에게도 수고했다고 격려한다. 오늘 등록한 분들의 이름과 신상을 확인하고 잘 오셨다고 환영한다. 다과나 식사를 편하게 많이 드시라고 권하면서 교회에 오게 된 동기도 들어 본다.

전도자를 함께 격려하고 3주 동안 꼭 이곳에 같이 와야 하고 앞으로 《믿음의 삶》 8주 과정 동안 꼭 인도해 와야 할 것을 확인한다. 새신자에게는 주일에 빠지지 말고 참여하고 전도자와 긴밀하게 교제해야 신앙생활을 살할 수 있다고 강조한다.

간단한 강의

여러분은 참으로 교회에 잘 오셨습니다.

믿음이란 어떤 사실에 대한 확신이나 신뢰를 의미합니다. 해가 동쪽에서 떠서 서쪽으로 진다는 사실을 부정할 사람은 아무도 없습니다. 이처럼 믿음이란 예수님을 시인하고 인정하는 것입니다. 예수님은 사람일 뿐만 아니라 하나님이라는 것과 예수님은 우리의 죄를 대신해서 십자가에서 죽으셨다는 사실과 부활하여 지금도 살아 계시다는 것을 확신하고 시인, 인정하는 것입니다.

믿음은 예수님을 나의 구주로 주인으로 영접하는 것입니다. 영접한다는 말은 환영하고 모셔 들인다는 말입니다. 반대말은 배척한다는 말이지요. 예수님은 부활하셔서 영으로 우리와 함께하시기 때문에 진심으로 예수님을 나의 구주로 영접하고 모셔 들이면 내 안에 들어오십니다. 마음 문을 열고 예수님을 영접하고 모셔 들이면 영으로 오셔서 함께 살겠다고 하셨습니다(계 3:20).

믿음은 자기의 모든 것을 맡기는 것입니다. 지금까지는 내 생활의 주인이 나 자신이었으나 지금부터는 예수님을 나의 신실한 주인으로 섬기며 그의 뜻을 순종하면서 나의 전체를 맡기는 삶을 삽니다. 이 믿음이 세상을 살아갈 때 사망에서 생명으로, 좌절과 낙심에서 영혼의 안식과 기쁨으로 우리를 인도할 것입니다.

한 가지 주의할 점은 신앙생활을 할 때 감정에 치우쳐서는 안 됩니다. 사실은 변할 수 없습니다. 그러나 감정과 느낌은 변합니다. 감정은 기분에 따라 변하는 것이기 때문입니다. 예수님을 믿고 구원받는 십자가의 구원의 진리는 영원한 진리입니다. 변하지 않습니다.

서로 다른 인격을 가진 사람들이 하나님과 관계를 맺을 때 감정적으로 서로 다른 반응을 보입니다. 구원의 확신은 하나님의 말씀의 권위에 근거한 것입니다. 교회에서 여러 사람을 만나고 혹시 상처가 되는 일이 있더라도 사람을 보지 마십시오. 어떤 경우에도 흔들리지 말고 구원의 진리 안에서 예수님을 믿음으로 구원의 복을 누리시기를 축복합니다.

다음 주에 또 여기서 만나기를 기대합니다. 세 번 만난 분은《믿음의 삶》8주 과정 시간에 꼭 다시 만납시다.

2)《믿음의 삶》 8주 과정

- 믿음의 기초를 세우는 기본 신앙생활

새 신자의 기본 신앙생활을 세워 주는 공부이다. 주기적으로 시행하여 새 신자를 3-6개월 안에 교육을 받도록 하여 성숙한 신앙인을 만드는 새 신자 핵심 교재다.

여기서 구원의 확신을 얻고 신앙생활은 어떻게 하는지, 봉사와 헌신은 어떻게 하며 어떤 유익이 있는지 확실하게 가르친다. 새 신자 교재들이 많이 나와 있고 교회에서는 대부분 교재를 사용하여 가르친다. 그러나 교재를 가지고 답을 말해 주는 정도의 공부는 지식을 더해 줄 수는 있어도 영적인 변화와 구원의 확신과 헌신을 이끌어내기에는 부족하다.

새 신자들의 생각이 변하고 영적으로 성숙하려면 강력하고 분명하고 확신 있는 가르침을 통해서 이끌어 내야 한다. 일반적인 가르침과는 달리 마치 부흥회를 하듯이 분명하고 뜨겁고 확실한 가르침이 필요하다. 《믿음의 삶》 8주 과정은 너무 길지도 않고 분명하고 확실하게 신앙생활의 확실한 지침을 세워 줄 수 있다.

검증된 매우 강력한 교재이고 강의법이기에 확실한 열매가 있다. 성도용 교재와 목회자용 교재가 구분되어 목회자들이 내용을 잘 이해하면 직접 가르치는 데 아무 문제가 없이 효과적으로 가르칠 수 있다.

그리고 이 교재는 새 신자의 신앙을 바로 세워주는 것은 물론이고 기존 성도들도 자기 나름대로 신앙생활 해오면서 잘못된 부분을 바로 잡아 줄 수 있다. 기 신자와 새 신자를 함께 가르쳐서 온전한 신앙생활을 하게 하는 강력한 교재이다. 이 교재를 사용한다면 전 교회가 한 단계 성숙하는 계기가 될 것이다. 새 신자, 기 신자가 함께 하는 공부이기 때문에 새 신자가 교회에서 쉽게 계속 공부할 수 있는 매우 좋은 교재이다. 기본적으로 교육하는 핵심 내용은 아래와 같다.

1> 신앙생활에서 가장 중요한 것이 무엇인지 인식시킨다

일반적으로 신앙생활에서 가장 중요한 것이 무엇인가를 물어 보면 대부분 예배나 기도, 말씀 봉사, 선교, 전도 등 여러 대답이 나온다. 그런데 이것이 분명히 인식되지 않으면 교회가 하나 되지 못하고 각자 중요하다고 생각하는 것만 중요하다고 착각하여 다른 일들은 관심을 보이지도 않고, 협력하지도 않는 문제가 야기될 수 있다.

한 율법사가 "율법 중에 어느 계명이 크니이까?"라고 질문하자 예수님은 "네 마음을 다하고 목숨을 다하고 뜻을 다하여 주 너의 하나님을 사랑하라 하셨으니 이것이 크고 첫째 되는 계명이요 둘째는 그와 같으니 네 이웃을 네 몸과 같이 사랑하라 하셨으니 이 두 계명이 온 율법과 선지자의 강령이니라"고 하셨다.

예수님이 크고 첫째 되는 계명이요, 온 율법과 선지자의 강령이라고 말씀하신 것은 여기밖에 없다. 예수님이 크고 중요하다고 한 것이면 정말 가장 크고 중요한 계명이 아닌가? 현대 교회는 이를 잘 알면서도 실천하지 못하고 있다.

"둘째는 그와 같으니"라고 하시면서 하나님을 사랑하는 것과 같은 수준으로 이웃을 사랑하라고 하신 말씀은 더욱더 깊이 새겨야 한다. 그런데도 교회는 하나님 사랑하는 데만 생명을 걸고 이웃 사랑은 제쳐두고 있는 현실이다. 그러면 이웃 사랑은 무엇인가? 지옥 가는 영혼을 전도하여 구원하라는 말씀이다. 그런데 현대 교회는 믿는 이웃에게도 관심을 가지지 않는 상황이다. 자기에게 이익이 될 수 있는 성도는 사귀고 친구가 되고자 하고, 가난한 자나 병자나 약한 자, 도움을 주어야 하는 자들은 기피하는 모습이다.

믿지 않는 이웃에게 복음을 전하여 구원하라고 하는 가장 큰 계명을 무시하고 사는 현대 교회다. 하나님을 사랑하는 데는 온갖 힘을 쏟지만 이웃에게는 관심도 없고 상관도 없고 전도할 생각도 하지 않는 것이다.

새 신자에게 이웃 사랑을 심어 주어 전도를 받아 구원받은 것에 감사하며 전도할 것을 가르치고, 기 신자에게는 이웃 사랑을 새롭고 분명하게 인식시켜서 이웃에게 나아가서 가장 크고 중요한 계명을 지키도록 하는 것이 중요한 과제다.

하늘과 땅의 모든 권세를 받으신 주님은 "가서 모든 민족에게 제자를 삼아 복음을 전하라 내가 세상 끝날까지 함께하겠다"라고 하셨다. 이는 이웃에게 복음을 전하라는 최고의 부탁이요 명령이다.

뿐만 아니라 승천하면서도 "오직 성령이 너희에게 임하시면 너희가 권능을 받고 예루살렘과 온 유대와 사마리아와 땅끝까지 이르러 내 증인이 되리라"고 하셨다. 성령의 권능을 주신 것도 이웃을 구원하라는 명령에 성령의 권능을 행사하라는 의미이다. 이 일을 위하여 교회를 세우셨다. 이는 교회의 존재 목적이요 구원받은 성도의 의무와 사명이다.

2> 구원의 확신을 갖게 한다

새 신자는 무엇보다도 구원의 확신을 갖는 것이 중요하다. 기 신자도 구원의 확신을 점검하고 다시 새롭게 확신을 갖는 것이 중요하기에 세 번에 걸쳐서 구원의 확신을 가르친다. 한 번에 두 시간 동안 공부하니 여섯 시간을 여기에 투자하자는 것이다.

- **죄가 무엇인가?**

성경이 정의하고 있는 것을 살펴보면, "죄를 짓는 자마다 불법을 행하나니 죄는 불법이라"(요일 3:4)고 말씀하고 있다. 죄는 불법인데 이것은 무법을 말한다. 무법자는 법이 없는 사람이 아니라 자기가 법인 사람이다. 가정에서도 교회에서도 자기가 법이다. '가정은, 아내는, 남편은 이래야 한다. 교회는 이래야 한다. 심지어 하나님은 이래야 한다'고 자기 법을 가지고 있는 것이 죄다.

"이러므로 사람이 선을 행할 줄 알고도 행치 아니하면 죄니라"(약 4:17)고 했다. 선한 일이란 미래는 하나님의 손에 달려 있음을 인정하는 것이다. 반대로 악이란 장래가 내 손에 달려 있다고 생각한다. 죄란 장래가 하나님의 손에 달려 있다는 것을 알고도 행하지 않는 것이다.

롬 14:23 "의심하고 먹는 자는 정죄되었나니 이는 믿음을 따라 하지 아니하였기 때문이라 믿음을 따라 하지 아니하는 것은 다 죄니라".

죄는 믿음에서 우러나오지 않은 모든 행위다. 양심에 거리낌이 있으면서도 하는 것이 죄다. 예수님을 믿으면 영접할 때 성령이 오시는데 그분이 내 안에서 인도하시기 때문에 생각을 주장하신다.

결국 성경에서 밝혀 주는 죄란 하나님과의 관계의 문제이다. 1) 내가 하나님 노릇 하는 것, 2) 장래는 하나님 손에 달렸는데 내가 주인 노릇 하는 것, 3) 하나님이 뭐라고 해도 나는 내가 하고 싶은 대로 하겠다는 것이 죄다.

• 하나님의 사랑

사람들은 죄로 말미암아 받게 될 무서운 멸망 때문에 몹시도 두려워하고 있다. 어떻게 해서든지 이 멸망에서 헤어나려고 몸부림친다. 그러나 자신의 노력으로는 이 문제를 해결할 수 없다. 그래서 하나님께서 사랑으로 구원을 계획하셨다.

하나님과의 관계가 끊어진 인간은 하나님과의 관계가 단절되어 죄의 저주 아래 있게 된다. 인간이 부패한 원인은 생명이신 하나님을 삶 가운데 거절했기 때문이다. 그러나 하나님은 예수님을 보내셔서 우리가 받을 천벌을 대신 받게 하셨다.

• 회개

구원은 인간의 노력에 달린 것이 아니고 하나님의 선물로 주어졌다. 누구든지 자랑치 못하게 하는 하나님의 선물이다. 구원이 선물인데 이것을 내 것으로 만들려면 회개해야 한다.

요일 1:9 "만일 우리가 우리 죄를 자백하면 그는 미쁘시고 의로우사 우리 죄를 사하시며 모든 불의에서 우리를 깨끗하게 하실 것이요".

자백의 의미는 고백이다. 하나님은 우리가 자기 자신을 알기 원하신다. "나는 구원이 필요합니다. 죄로 인해 고통받고 있습니다. 아픕니다. 병을 가지고 있습니다." 이러한 고백이 없다면 하나님이 구원하실 수 없다. 그러므로 구원은 자백으로부터 시작한다.

예수님을 영접할 때 우리는 지금까지 예수 없이, 하나님 없이 살아왔던 모든 삶이 잘못되었다는 고백이 필요하다. 그러므로 예수 믿을 때에 우리의 삶의 방향을 바꾸는 회개를 드리는 것이다. 삶의 방향을 바꾸는 결심이 회개다.

회개한 자에게 약속하신 것은 "내가 그들의 불의를 긍휼히 여기고 그들의 죄를 다시 기억하지 아니하리라"(히 8:12)고 하셨다.

회개에는 지, 정, 의 요소가 다 포함된다.

눅 3:8 "그러므로 회개에 합당한 열매를 맺고 속으로 아브라함이 우리 조상이라 말하지 말라 내가 너희에게 이르노니 하나님이 능히 이 돌들로도 아브라함의 자손이 되게 하시리라".

회개란 죄를 인정하고 죄를 지은 사실을 슬퍼하고 죄를 짓지 않겠다는 결심을 하는 것이다. 진정한 회개는 보상할 것이 있으면 보상해야 한다. 반드시 그래야만 된다는 말씀은 안하고 있지만 돈을 떼어 먹었으면 회개하고 갚아야 하고, 상처를 주었으면 가서 용서를 구하는 것이 회개에 합당한 열매를 맺는 것이다.

• **신앙**

회개한 것만으로 구원받을 수 없다. 믿음이 있어야 한다. 믿음은 예수님을 영접하는 것이다.

> **요 1:12-13** "영접하는 자 곧 그 이름을 믿는 자들에게는 하나님의 자녀가 되는 권세를 주셨으니 [13]이는 혈통으로나 육정으로나 사람의 뜻으로 나지 아니하고 오직 하나님께로부터 난 자들이니라".

하나님의 자녀가 되는 특권은 하나님 나라를 상속받는 것이다. 기도 응답이나 병 고침, 문제 해결, 복 등은 부수적이다. 하나님의 자녀가 되는 특권은 그리스도를 영접하는 자에게 주어진다.

어떻게 예수님을 영접할 수 있는가?

> **계 3:20** "볼지어다 내가 문 밖에 서서 두드리노니 누구든지 내 음성을 듣고 문을 열면 내가 그에게로 들어가 그와 더불어 먹고 그는 나와 더불어 먹으리라".

먹는 것은 식구처럼 생활을 같이 한다는 뜻이다. 내 기쁨이 네 기쁨이 되고, 네 문제가 내 문제가 되고, 내 장래가 네 장래가 되겠다는 뜻이다. 구원받고자 하는 인간의 의지보다 구원하고자 하는 하나님의 의지가 더 크기 때문에 마음 문을 열고 예수님을 나의 구주로 영접하면 된다.

• **거듭남**

새로운 생활은 사람의 각오나 노력을 통해서 이루어지는 것이 아니라 성령님을 통해 사람의 내적인 변화에서 우러나오는 자연스러운 자세를 뜻한다. 거듭남은 중생을 말하는데 새롭게 태어난다는 의미다.

요한복음 3장 1-8절에서 예수님께서 니고데모에게 "사람이 거듭나지 아니하면 하나님 나라를 볼 수 없느니라"고 했을 때 "두 번째 모태에 들어갔다가 날 수 있습니까" 하고 니고데모가 물었다. 예수님은 "물과 성령으로 거듭나야 한다"라고 하시면서 "육으로 난 것은 육이요 성령으로 난 것은 영이니…기이히 여기지 말라"고 하셨다.

운명은 누가 낳아 주느냐에 따라 결정된다. 소가 낳으면 소 새끼, 개가 낳으면 개 새끼, 사람이 낳으면 사람이다. 하나님의 자녀는 하나님이 낳아 주셔야 한다. 하나님은 영이시기에 성령을 부어 주셔서 영적인 하나님의 자녀로 낳아 주셔야 한다. 유일한 길은 성령을 받아서 영적인 사람이 되는 길밖에 없다.

하나님의 자녀가 되려면 예수님을 영접해야 한다. 영접하는 순간 성령님이 우리 안에 들어오신다. 성령님을 모셔 들이지 않고는 하나님의 자녀가 될 수 없다. 내가 예수님을 영접해서 거듭나면 영적인 사람이 되어 영적인 눈이 열린다.

고후 5:17 "그런즉 누구든지 그리스도 안에 있으면 새로운 피조물이라 이전 것은 지나갔으니 보라 새것이 되었도다".

예수님을 영접하는 순간 새로운 피조물로 거듭난다. 예수님을 믿으면 새로운 삶을 살게 된다. 새로운 피조물이기 때문에 새로운 욕구와 새로운 능력을 소유하게 된다. 예수님 안에서 새로운 운명, 가능성을 열어 주신다. 영적인 일이 이루어진다.

• **구원의 확신**

구원의 확신이 없는 이유는 구원의 확신의 근거가 명확하지 않아서다. 요한일서 5장 11-12절에 "또 증거는 이것이니 하나님이 우리에게 영생을 주신 것과 이 생명이 그의 아들 안에 있는 그것이니라 아들이 있는 자에게는 생명이 있고 하나님의 아들이 없는 자에게는 생명이 없느니라"고 하셨다.

지금 증언석에는 하나님이 계신다. 하나님은 영원한 생명이 있고 그 생명이 아들 안에 있음을 증거하셨다. 예수님을 영접하고 아들을 받으면 자동으로 영생도 받는다. 아들을 가진 자는 영생이 있고 없는 자는 영생도 없다.

사람들은 구원에 플러스 알파가 있다고 생각한다. 그래서 플러스 알파에 자신이 없다. 사도 요한은 이것을 강조한다. 그는 우리가 아들만 모시면 구원을 얻는다는 것을 강조한다.

우리가 예수님을 영접하고 구원받았다가 구원을 잃을 수가 있는가? 절대로 아니다. 요한복음 10장 28절에 "내가 그들에게 영생을 주노니 영원히 멸망하지 아니할 것이요 또 그들을 내 손에서 빼앗을 자가 없느니라"고 하셨다. 우리가 주님의 손을 잡고 있으면 놓칠 수 있지만 주님이 잡고 계시므로 아무도 빼앗을 자가 없다.

이렇게 총 여덟 번의 강의 중에 여섯 시간에 해당하는 세 번의 강의를 구원의 확신에 투자해서 가르친다. 이렇게 분명하고 확실하게 복음을 설명하고 예수님을 영접하게 하고 구원의 확신을 가지도록 해야 정상적인 신앙생활을 시작할 수 있다. 그리고 영적으로 성장하고 성숙할 수 있다.

이것을 형식적으로 교재를 그냥 훑어가면서 답을 적어가며 기본적인 과정을 가르치면 구원의 확신을 가지기보다 오히려 헷갈리는 경우를 종종 본다. 그래서 오래 믿은 이들 중에도 구원의 확신이 없는 이들도 많다. 그러므로 교회에 오랫동안 다닌 기 신자도 함께 이 과정을 받도록 해서 구원의 확신을 새롭게 다지고 힘있게 신앙생활을 해서 영혼을 구원하는 가장 크고 중요한 일에 헌신하도록 하자.

3> 신앙생활의 기본 자세를 분명히 해야 한다

성경은 성도가 거룩한 삶을 살아야 한다고 말한다.

벧전 1:15-16 "오직 너희를 부르신 거룩한 이처럼 모든 행실에 거룩한 자가 되라 [16]기록되었으되 내가 거룩하니 너희도 거룩할지어다 하셨느니라".

실제로 성도들은 거룩하게 살고 싶어 한다. 그런데 이것이 부담스러운 것도 사실이다. 거룩이란 늘 경직되고 긴장되고 억누르는 것으로 생각한다. 그리스도인의 삶은 거룩한 삶인데 불편하게 생각되는 것이다.

자세히 생각해 보면 우리가 생각하는 이것은 거룩이 아니다. 자신도 모르게 바리새인의 거룩이 우리를 짓누르고 있다. 보수적인 교회의 거짓된 문화가 그렇게 만들어 버린 것이다.

진정한 거룩은 예수님처럼 자유로워지는 것이다. 하나님이 어떤 분인지 구체적으로 보여주시기 위해서 예수님을 보내셨다. 하나님이 어떤 분인가를 보려면 예수님을 보면 된다. 예수님은 우리가 생각하는 거룩과는 오히려 반대의 모습을 보여주신다.

거룩의 모형은 예수님이다. 그런데 예수님은 잔치를 좋아하셨다. 혼인 잔칫집에서 포도주를 만들어 주고 삭개오를 불러서 집에 가서 잔치하도록 하셨다. 문둥이 시몬의 집에 가서 식사하시고 가난한 나사로 집에 가서도 식사 대접받는 모습을 볼 수 있다. 뿐만 아니라 예수님은 재미있는 분이셨다. 제자들에게 별명을 붙여 주어 요한은 벼락, 베드로는 반석(돌쇠)이라고 하셨다. 오히려 지금 우리의 눈으로 보면 경건하지 못하게 보인다.

그러니 우리가 생각하는 거룩은 진짜가 아니라 바리새인적인 거룩이다. 그런데 예수님은 바리새인들을 아주 경멸하셨고 저주까지 하셨다. "독사의 자식들아", "회칠한 무덤"이라고 부르셨다.

그러면 예수님의 거룩과 바리새인의 거룩은 무슨 차이가 있는가? 바리새인은 자신의 거룩한 모습에 사람들의 시선이 끌리도록 하는 데 목적이 있었다. 사람들이 자신의 행동에 주목해 주고, 인정해 주고, 칭찬해 주고 높임 받는 것이 그들의 목적이었고 관심이었다. 그러나 진짜 거룩은 자신이 거룩하다는 것을 인식하지 못한다. 그 사람이 있으면 분위기가 따뜻해지고, 절망이 변해 소망이 되고, 외로울 때 친구가 되고 의지가 된다.

진정한 거룩은 상대방의 필요에 관심을 가지고 필요를 채워 주는 것이다. 예수님은 다른 사람이 자신을 어떻게 생각할까에 관심이 없었다. 연약한 사람들, 고아와 과부와 세리와 죄인과 가난한 자와 소외된 자들에게 관심이 있었다. 이들을 어떻게 위로하고 격려해 주고 고쳐 주고 치료해 줄까, 어떻게 하면 그들의 영혼을 구원하는가에 관심을 가지셨다.

진짜 거룩은 예수님과 같이 되는 것이다. 남이 나를 어떻게 생각하는 것이 아니라, 나를 향한 시선이 점점 이웃에게로 돌려지는 데 있다. 그래서 지옥으로 향해 가는 이웃을 보면서 안타까운 마음을 가지고 다가가서 그들의 필요를 채워 주는 것이 진정한 사랑이요 거룩이다.

예수님을 영접한 성도는 하나님이 우리 안에 거하시기에 거룩할 수 있다. "너희 안에서 행하시는 이는 하나님이시니 자기의 기쁘신 뜻을 위하여 너희에게 소원을 두고 행하게 하시나니"(빌 2:13). 예수님을 영접할 때 성령님이 우리 안에 오시고 우리는 영적인 존재가 된다. 우리 안에 계신 성령님이 두 가지 일을 하신다. 하나님의 기쁘신 뜻을 위하여 살고 싶은 마음을 주시고, 행동으로 실천하게 하신다.

그러므로 성도는 하기 싫은 것을 억지로 하는 것이 아니라 하고 싶어서 하기 때문에 주님 뜻대로 사는 것이 힘들지 않다. 그리스도인의 삶은 한마디로 "이제는 내가 사는 것이 아니라 내 안에 계신 그리스도가 사는 것"임을 체험하며 산다. 이제부터 초자연적인 삶을 살 수 있다. 내 안에는 없는 그리스도의 지혜와 사랑, 능력이 함께하시기 때문이다. 믿음 안에서는 '안 된다'가 아니라 내 안에 계신 예수님으로 인해서 '된다'.

믿는다는 말이 무슨 의미인지 체험하면서 발견해 간다. 신앙생활은 '내가 사는 것'이 아니고 '내 안에 계신 그리스도께서 사시는 것'이다. 분명히 내가 하는 것이 아닌데 이루어진다. 나는 믿음이 적지만 기도했는데, "어, 병이 낫네?" 하는 것이다. 이런 비밀을 많이 가짐으로 믿음생활에 기쁨이 생긴다.

신앙생활을 하면서 성숙한 믿음의 사람인지 영적으로 미숙한 사람인지 확인해야 한다. 고린도 교회 성도들은 대단히 믿음이 좋은 것으로 기록되어 있다. 영적이고 감사거리와 체험도 많고 언변과 지식도 풍부했다. 그런데 사도 바울은 이들을 어리고 육적이라고 평가했다. 육적이고 세상적이고 신앙적으로 어리다고 판단했다. 사도 바울과 우리의 영적인 판단 기준이 다름을 알 수 있다. 바울은 고린도 교회 교인이 영적으로 어린 이유를 "파당을 짓는 것, 시기하고 분쟁하는 것"에서 판단하고 있다.

파당을 짓고 시기하고 싸우는 것은 자존심이 살아 있다는 의미다. 교회에 오래 다닌 사람들 중에도 이런 성도가 있다. 자존심이 살아 있으면 어린 신앙이다. 능력이 있지만 어릴 수 있다. 성경을 많이 알고 지식이 많다 할지라도 여전히 어린아이 신앙으로 살 수 있다.

영적 성숙도는 자아, 자존심이 얼마나 많이 깨어졌느냐에 달려 있다. 자존심이 없어지니 대인관계가 좋아지고, 마음이 넓어지고, 많은 사람을 품고, 위로하고 격려해 주고 성숙한 믿음의 사람으로 살게 된다. 자존심이 제일 없는 분이 바로 예수님이시다. 인정받으려 하시지도 않았고 과시하지도 않았고 비난에도 꿈쩍하지 않으셨다. 그냥 하나님의 뜻에 순종하는 삶을 사셨다.

우리 신앙인들이 도달해야 할 표준은 예수님이다. 예수님의 삶을 가장 잘 특징짓는 것은 순종이다. 자존심이 강한 사람이 제일 못하는 것은 순종이다. 언제 자존심이 무너질 수 있는가? 나보다 못한 사람에게 순종할 때다. 순종을 통해서 자존심이 죽는다. 그것이 순종이다. 눈에 보이는 사람을 사랑하지 못하면 눈에 보이지 않는 하나님을 사랑하지 못한다. 모든 인간관계의 기초를 순종에 둔 것은 예수님을 닮는 것이 모든 신앙인들의 목표이기 때문이다.

첫째 아담은 불순종을 통하여 멸망하는 인류의 조상이 되었고, 마지막 아담인 예수님은 순종을 통하여 새로운 인류의 조상이 되었다. 순종하기로 딱 마음을 먹으면 편해지고 일이 된다. 일이 되기 위해서 이 사람은 이렇게, 저 사람은 저렇게 의견이 다를 때 죽고 사는 문제가 아니면 양보하라.

예수님은 세상 기준으로 보면 실패자처럼 보였다. 죽기까지 낮아지셨기 때문이다. 그런데 결론은 높아지셨다. 겸손히 순종하면 성숙해지고 결국 승리한다. 나는 낮추었는데 결국은 하나님이 높여 주신다.

마 20:28 "인자가 온 것은 섬김을 받으려 함이 아니라 도리어 섬기려 하고 자기 목숨을 많은 사람의 대속물로 주려 함이니라".

예수님을 닮으려면 예수님처럼 섬기는 삶을 살아야 한다. 섬김은 상대방의 필요를 채워 주는 것이다. 종이 되어 섬길 때에, 특히 남이 모르게 섬길 때에 우리의 자존심이 죽는다.

4> 가장 중요한 기본을 실제 신앙생활에 적용해야 한다

가장 중요한 기본을 지식이 아닌 실제 적용을 통해서 신앙생활의 기초가 되도록 가르치자.

- **성경**

성경은 예언이다. 예언자는 요즘의 점쟁이 같은 사람이 아니고 하나님의 말씀을 받아 전하는 대변인이다. 예언서의 70%는 현재에 관한 내용이다. 어려움이 생겼을 때 너희가 하나님을 떠났기 때문에 그런 것이므로 하나님께로 돌아오라고 말한다. 하나님은 대변인을 통해서 말씀을 전하시는데 그 대변인이 예언자요 그의 말이 예언이다. 오늘날

목사는 예언자의 요소가 있어야 한다.

성경은 인적인 요소와 신적인 요소가 혼합되어 있다. 성경은 인적인 요소가 있기 때문에 다양한 저자에 의해서 기록되었지만 일관성이 있다. "모든 성경은 하나님의 감동으로 된 것으로 교훈과 책망과 바르게 함과 의로 교육하기에 유익하니"(딤후 3:16)라고 말씀하고 있다. 즉 모든 부분이 하나님에 의해 영감되었다.

"은혜 받았습니다"라는 말은 자기가 동의할 수 있는 말을 해 주었다는 뜻일 수 있다. 자기 생각과 조금만 틀리면 마음을 닫는 경우가 많은데 설교는 아픈 데를 건드릴 수 있어야 한다. 내가 가진 편견이나 왜곡된 생각이 말씀을 들으면서 계속 바뀌어야 한다. 교훈과 책망, 옳은 생각, 나쁜 생각을 제시하고 잘못된 생각을 바로잡아 주어야 한다. 하나님의 뜻대로 살려고 하는 사람에게는 성경이 유익하고 흥미가 있다.

• 하나님

하나님은 영이시다. 그러므로 보이지 않는다. 보이지 않는다고 못 믿겠다거나 보여주면 믿겠다는 것은 갓난아이 수준이다. 세상에 보이지 않지만 존재하는 것이 너무 많다. 공기, 전파, 바람……. 하나님은 영이시므로 예배할 때 영적으로 신령과 진리로 예배해야 한다. 우리의 마음을 보시기 때문이다. 하나님이 영이라는 사실이 진정한 축복이다.

하나님은 빛이시기에 예수님을 모시면 어두움에 머물 수가 없다. 하나님은 우리에게 소원을 주시고 능력을 주신다. 하나님은 빛이신 의로우신 분이기에 의로운 삶을 살고자 하는 욕구가 우리에게 생긴다.

불의한 삶을 살면 불편하다. 의로운 삶을 살면 의욕이 있고 보람이 있어 점점 변화한다.

하나님은 사랑이시다. 예수님을 주님으로 영접했다고 하면서 이웃에게 관심이 없는 사람은 거짓이다. 이웃에 대한 구체적인 사랑을 보임으로써 구원받은 자임을 확인할 수 있다.

• 예수 그리스도

우리의 신앙 대상은 예수 그리스도시다. 그러므로 예수 그리스도에 대하여 정확히 알고 잘 믿어야 한다. 호칭에서 "주"란 말은 주인 즉 나와의 관계를 의미한다. "주여, 주여" 하는 자마다 천국에 가지 못한다는 말은, "주인님"이라고 했으면 시키는 대로 해야 하는데 주인의 뜻과는 전혀 상관없는 삶을 사는 사람들을 말한다. 처음부터 주인이 뭘 원하는지 관심이 없는 사람들을 말한다.

예수님은 완전한 인간과 완전한 하나님이라는 두 가지 성품을 갖고 있다. 하나님은 예수님을 보면 안다. 하나님의 말씀이 정말 진리인 것은 예수님의 부활을 보면 안다. 예수 그리스도는 본래 하나님이셨으나 사람의 모양으로 이 세상에 오셨기에 인간적인 성품을 갖고 계셨다. 육신으로 오셨고 우리를 대신해 죽으셨다.

십자가에 달리신 목적은 우리로 죄의 권세에서 벗어나 의롭게 살게 하기 위해서이다. "우리로 죄에 대하여 죽고 의에 대하여 살게 하려 하심이라"(벧전 2:24) 하셨다. 그런데 진보가 없이 죄짓고 회개하는 것을 반복하는 것은 크리스천의 삶이 아니다. 성령이 지금 내 안에 계시므로 용서도 되고 믿음으로 죄도 끊고 나쁜 것도 끊을 수 있다. 내 힘으로 하려고 하니 때마다 지고 마는 것이다.

예수님은 승천하셔서 하나님 우편에서 우리를 위해서 간구하신다. 우리를 위해서 백을 쓰고 계신다는 말이다. 세상에서도 뒤를 봐주는 높은 사람이나 능력자가 있으면 정말 큰 도움이 된다. 그러나 전능하신 주님이 백이 되실 때는 상상을 초월하는 기적이 일어나게 된다.

예수 그리스도는 다시 오신다. 예수님이 곧 다시 오실 징조는 너무 많이 나타나고 있다. 성경에 예언된 사실이 모두 현실로 나타나고 있다.

• 성령

성령은 예수님을 영접할 때 받고 예수님의 영은 떠나지 않으신다. 구원의 보증으로 인 치시고 성령으로 쇠 도장을 찍는 것이다. 예수님을 영접하면 예수님의 영이신 성령께서 오신다. 무당에게 잡신이 들어오면 신비한 능력을 가지는 것처럼 우리 안에 거룩한 신이신 성령이 오신다. 그 순간부터 영적인 사람이 되고 영적인 요소가 생기게 된다.

기독교인이 신앙생활에서 실패하는 것은 신적인 요소를 모르기 때문이다. 아직도 기독교를 철학적으로 도덕적으로 생각한다. 영적으로 생각해야 한다. 우리 삶에 영적인 역사가 일어날 것을 기대하고 초자연적인 삶을 경험하고 체험하며 승리하는 것이 신앙생활이다.

성령 충만을 받아야 한다.

엡 5:18 "술 취하지 말라 이는 방탕한 것이니 오직 성령으로 충만함을 받으라".

술 취하면 말이 많아지고 노래하고 기분이 업 된다. 술은 반짝 기분 좋게 하다가 몸이 힘들게 되지만 성령은 항상 기분 좋게 한다. 성령이 나를 지배하는 것! 그것은 곧 내 안에 그리스도가 사시는 삶을 연결해서 생각하면 쉽다.

성령 충만은 하나님의 소원이요 하나님의 백성에게 당연한 삶이다. 성령 충만의 근본적인 목적은 복음 사역을 잘 감당하기 위함이다. 오순절에 성령이 강림하여 복음을 담대히 전했고 제자들이 성령 충만하여 말씀을 전했다. 바울이 아나니아의 기도로 성령이 충만하여 전도사역을 시작하였다. 또한 바울이 성령이 충만해져서 박수를 장님으로 만들므로 총독이 믿게 되는 역사가 일어났다.

성령 충만은 하나님이 원하시지 않는데 받아내는 것이 아니고 하나님의 소원이다. 하나님이 채우시기를 원하는데 우리가 순종하지 않고 사모하지 않고 받지 않는 게 문제이다. 누구나 성령 충만 할 수 있고 초자연적인 삶을 살 수 있다.

성령은 은사를 주신다.

고전 12:7 "각 사람에게 성령을 나타내심은 유익하게 하려 하심이라".

성령이 내 안에 계시다는 것을 나타내는 데 제일 쉬운 예가 기도하면 병이 낫고 응답이 나타나고 기적이 일어나는 것이다. 이런 은사는 공동체의 유익을 위해서 주시는데 자신의 삶 속에서도 성령의 역사를 기대하고 체험하며 살 수 있는 것이 영적인 신앙생활이다. 그래서 성령의 열매를 맺고 살게 된다.

5> 성도의 신분과 걸맞는 헌신의 삶을 분명히 해야 한다

성도의 신분은 하나님의 자녀요, 특별히 하나님의 사랑을 받는 자녀이다. 이것이 특권이요, 자랑이다. 일국의 대통령 정도가 아니라 온 우주를 창조하신 하나님의 자녀이다. 그런데 하나님 아버지가 아무리 능력이 많아도 하나님을 별로 좋아하지 않으면 소용이 없다. 현찰 10만 원보다 무한정 결재할 수 있는 카드가 좋다. 하나님의 사랑받는 자녀이기에 모든 필요를 공급해 주신다는 사실을 믿고 사는 것이 신앙생활이다.

우리는 성령의 전이다. 하나님이 거하는 성전이 곧 우리 자신이다. 구약에서는 모세에게 성막을 짓게 하고 밤에는 불기둥, 낮에는 구름기둥으로 함께하셨다. 솔로몬이 성전 건물을 지으니 그곳에 임재하셨다. 거기서 만나 주시고 기도도 들으시고 응답해 주셨다. 지금 우리 안에 성령이 임재하시니 우리가 성전이다. 기도하면 이미 들으시고 응답하시고 기적을 주신다. 이것이 얼마나 큰 특권인지를 알아야 한다.

성도는 천국 시민이다. 하늘의 법칙을 좇아 살기에 세상 사람들과 다를 수밖에 없다. 하늘 나라의 시민이므로 하늘의 보호가 따른다. 대사관이 치외법권 지역으로 본국의 보호를 받는 것처럼 우리는 하나님의 보호를 받고 사는 것이다.

고전 16:2 "매주 첫날에 너희 각 사람이 수입에 따라 모아 두어서 내가 갈 때에 연보를 하지 않게 하라".

그러므로 천국 시민은 예배와 헌금의 삶을 살아야 한다. 헌금의 기본 원칙에 대해서는 말라기 3장 7-12절에서 말씀하고 있다. 이스라엘이 죄악으로 어려워졌을 때 백성들이 부르짖었더니 하나님의 것을 도적질하여 저주를 받았다는 것이다. 그것이 곧 십일조와 헌물이라고 했다.

그래서 하나님의 것을 하나님께 드리면서 시험해 보라고 하신다.

말 3:11-12 "내가 너희를 위하여 메뚜기를 금하며 너희 토지 소산을 먹어 없애지 못하게 하며 너희 밭의 포도나무 열매가 기한 전에 떨어지지 않게 하리니 [12]너희 땅이 아름다워지므로 모든 이방인들이 너희를 복되다 하리라 만군의 여호와의 말이니라".

그 당시는 농경시대였는데 농사를 다 지어놓고 메뚜기 떼가 오면 열매는 물론 줄기까지 다 먹고 가버린다. 하나님께서 그 메뚜기로부터 우리의 소산을 지켜 주겠다고 하신다. 오늘날 인간 메뚜기라고 할 수 있는 경우가 있다. 집안에 한 사람이 사고를 치거나 문제를 일으키면 망하게 된다. 질병 메뚜기, 사고 메뚜기를 금해 주시겠다는 말씀이다.

기한 전에 떨어지지 않게 하여 땅이 아름다워지고 모든 이방인이 "복되다" 하리라고 하셨다. 잘되다가 망하는 것, 젊은데 병들어 죽는 것들이 기한 전에 떨어지는 것 아닌가? 온전한 십일조를 창고에 들이면 하늘 문을 열고 복을 쌓을 곳이 없도록 붓지 아니하는가 보라고 여호와의 말씀이라고 단정하신다.

십일조는 창세기에서 아브라함이 조카 롯을 잡아간 연합군을 소대상으로 소수 부대를 이끌고 가서 승리하여 탈취한 십 분의 일을 살렘 왕에게 드림으로 시작되었다. 율법이 주어지기 전에 아브라함 때부터 십일조는 바쳐지고 있었다.

신약에서도 예수님은 "화 있을진저 외식하는 서기관들과 바리새인들이여 너희가 박하와 회향과 근채의 십일조는 드리되 율법의 더 중한 바 정의와 긍휼과 믿음은 버렸도다 그러나 이것도 행하고 저것도 버리지 말아야 할지니라"(마 23:23)고 말씀하셨다. 바리새인들은 십일조를 철저히 드렸는데 회향, 근채 등 밭에서 나는 것까지 철저하게 하면서 정의, 긍휼, 믿음은 저버렸다. 십일조는 열심히 하는데 남의 등치고 속이고 사기치고 했다는 것이다. 십일조는 당연히 해야 하지만 삶도 바로 살아야 함을 분명히 하셨다.

신약에서도 헌금의 원칙을 이야기하고 있다. 고린도후서 9장 6-11절에서 구체적으로 말씀한다. 예수님을 믿으면서도 돈의 노예가 되어 있지 않은가? 예수님의 비유 중에 70%가 돈에 관한 것이다. 여기에 동의하든지 반발하든지 중립은 없다. 헌금은 돈의 문제가 아니라 사랑의 표시다. 하나님께는 우리의 돈이 필요한 것이 아니라 마음이 중요하다. 하나님은 우리 돈을 빼어가는 분이 아니다. 채워 주시는 하나님의 능력을 강조한다. 모든 은혜를, 온갖 은혜를 넘치게 주는 분이시다.

9-11절에 심을 씨와 먹을 양식의 차이를 말하고 있다.

고후 9:10 "심는 자에게 씨와 먹을 양식을 주시는 이가 너희 심을 것을 주사 풍성하게 하시고 너희 의의 열매를 더하게 하시리니"

배고프다고 종자를 다 먹어버리면 굶어 죽는다. 왜 많은 사람이 여전히 가난에 머무는가? 종자를 먹어버리기 때문에 그렇다. 종자를 심어야 열매를 얻을 수 있다.

헌금이 의무나 부담이 되어서는 안 된다. 채워 주시는 하나님의 능력에 대한 신뢰가 있어야 한다. 믿음이 있어야 십일조를 하고 십일조를 하면 믿음이 생긴다. 헌금을 드려서 하나님께서 채워 주시는 경험을 해 보라. 믿음이 생기면 하게 된다. 믿음이 없거나 아까우면 하지 말라. 기쁨으로 드릴 수 있을 때 하면 된다.

믿음이 생기면 십일조에 그치지 않는다. 사실 십일조는 최소한이다. 늘 하나님은 채워 주신다. 지금 안 하면 언제든지 못한다. 나중에 성공하고 자리 잡으면 절대 못한다. 지금 규모가 작을 때 하는 게 좋다. 많으면 손이 떨려 못한다. 하나님에 대한 사랑의 표시, 믿음의 표시로 드리라. 십일조를 철저히 드리면 경제적으로도 어려움을 겪지 않는다. 하지만 십일조를 무슨 투기하듯이 하지는 말아야 한다.

• 승리의 생활

그리스도인에게는 유혹과 시험이 그림자처럼 따라다닌다. 이것은 바로 하나님의 자녀가 된 증거이기도 하다. 마귀가 수단과 방법을 다 쓰나 하나님께서는 우리에게 힘을 주셔서 이기도록 하신다.

그리스도인에게 시험이 오는데 어떻게 받아들여야 하는가? 야고보서 1장 2-4절에는 "온전히 기쁘게 여기라"고 하신다. 그 이유는 시련 자체가 좋기보다는, 좋은 결과가 있기 때문이다. 좋은 결과라는 것은 그리스도를 닮는 것이다. 기뻐하라는 것은 감정이 아니다. 의지적인 결단을 의미한다. 감정은 컨트롤이 안 된다. 싫어도 필요를 채워 주고 섬겨주면 감정은 따라온다. 기뻐하라, 기뻐하기로 결정하라는 것이다. 그 이유는 시련이 우리를 예수님 닮은 자로 만들어 주기 때문이다.

예를 들면 임신 중에 불편함에도 불구하고 몸매가 다 망가지고 입덧을 하는 것이 얼마나 큰 고통인데도 불평하지 않는다. 생명을 잉태하고 창조한다는 기쁨 때문이다. 예수님을 닮는 것이 중요한 여러 이유가 있지만 예수님을 닮으면 닮을수록 천국을 즐기는 정도가 달라진다. 그러기에 예수님을 닮는 것은 상이다. 시련을 통하여 예수님을 닮으려면 인내해야 한다.

때로는 징계로 시험을 당하는 때도 있다.

히 12:5 "내 아들아 주의 징계하심을 경히 여기지 말며 그에게 꾸지람을 받을 때에 낙심하지 말라".

우리가 정말 하나님의 자녀면 훈련을 시키신다. 징계가 없으면 사생아다. 오직 하나님은 우리의 유익을 위하여 그의 거룩하심에 참여케 하신다. "무릇 징계가 당시에는 즐거워 보이지 않고 슬퍼 보이나 후에 그로 말미암아 연단 받은 자들은 의와 평강의 열매를 맺나니"(히

12:11). 의로운 삶을 살 수 있도록, 평화의 삶을 살 수 있도록 변화된다.

핍박이나 어려운 환경이 생기는 또 다른 이유는 악령과의 싸움도 있다. "우리의 씨름은 혈과 육을 상대하는 것이 아니요 통치자들과 권세들과 이 어두움의 세상 주관자들과 하늘에 있는 악의 영들을 상대함이라"(엡 6:12). 우리의 싸움이 피와 살을 가진 사람들과의 싸움인 것처럼 보일 수 있다. 그래서 자꾸 육적인 차원에서, 인간적인 차원에서만 해결하려고 하니까 안 된다. 우리를 핍박하는 사람이나 우리에게 생기는 어려운 환경은 초자연적인 영적 존재로 말미암을 경우가 많다.

부부 중 한 사람이 먼저 믿었을 때 전에는 잘해주고 사랑했던 남편의 핍박은 악령의 역사로 생각해야 한다. 남편이 악령이 아니라 악령의 조종을 받는다고 보면 된다. 직장 상사의 핍박도 그렇다. 우리가 대적할 것은 영적 존재이기 때문에 인간의 의지나 노력으로 이겨 보려고 하는 것은 불가능하다. 예수님 이름으로 기도하고 믿음으로 승리해야 한다. 반드시 승리할 수밖에 없다.

시험을 당할 때 하나님이 하시는 두 가지가 있다.

고전 10:13 "사람이 감당할 시험밖에는 너희가 당한 것이 없나니 오직 하나님은 미쁘사 너희가 감당하지 못할 시험 당함을 허락하지 아니하시고 시험 당할 즈음에 또한 피할 길을 내사 너희로 능히 감당하게 하시느니라".

시련을 극복할 수 있는 힘을 주시고 그런 환경에서 벗어날 수 있는 길을 주신다. 하나님은 약속을 지키시므로 반드시 어려운 시험을 겪

어낼 수 있도록 해 주신다. 시험이 우리에게 도움이 되기 위해서는 시험을 받을 당시에 못 이길 것 같은 느낌이 들 정도로 강해야 한다. 헬스를 할 때 역도를 더 이상 못 들어 올릴 것 같은 경지를 지나서 몇 번 더 들어 올릴 때에 근육이 커지는 것과 같다.

• 헌신과 보상

헌신이란 자신을 하나님을 위해서 바치는 삶을 말한다. 헌신은 하나님의 자비를 맛본 사람은 누구나 다 하는 것이다. 하나님의 사랑을 깨달은 사람은 헌신하게 된다. 하나님께 헌신할 때는 내 부족함을 정리하고 성격도 고친 다음에 하는 것이 아니라 지금 내 몸을 드리면 하나님이 기뻐하시는 산 제사가 된다고 하신다.

헌신은 특권이다. 우리가 헌신할 때 그의 목적을 위해서 써 주신다. 물건이나 사람이나 그 가치는 어디에 사용되느냐에 달렸다. 마이크도 복음을 전하는 도구로도 사용될 수 있고 노래방에서 사용되기도 한다. 내가 어디에 쓰임 받는가에 따라 내 가치가 결정된다. 거룩하다는 말은 하나님의 목적을 위해서 구별되었다는 것이다.

헌신이란 직장을 그만두고 전도사나 목사가 되는 것을 의미하지 않는다. 이 세대를 본받지 말고 마음을 새롭게 함으로 변화를 받아 하나님의 선하시고 기뻐하시고 온전하신 뜻이 무엇인지 분별하는 것이다. 그래서 주어진 환경에서 자신을 향하신 하나님의 뜻을 분별하고 실천하며 사는 것이다. 그리스도인이 헌신해야 할 장은 세 곳이다. 가정과 생업 그리고 교회이다. 균형을 이루는 것이 중요하다.

헌신된 삶을 살면 자유함이 있다. 사람의 눈치를 안 봐도 된다. 하나님이 기뻐하시는 일을 하면 된다. 거기에는 하나님이 보장해 주시므로 평안이 있다. 가치가 생긴다. 내가 주님을 위해 쓰임 받으면서 사는 것이다. 헌신된 삶을 살면 내가 잘되고 못 되고는 누구의 책임일까? 하나님이 책임져 주신다.

성도는 모두 제사장으로 헌신해야 한다.

> **벧전 2:9** "그러나 너희는 택하신 족속이요 왕 같은 제사장들이요 거룩한 나라요 그의 소유가 된 백성이니 이는 너희를 어두운 데서 불러내어 그의 기이한 빛에 들어가게 하신 이의 아름다운 덕을 선포하게 하려 하심이라".

목회자만이 아니고 성도 모두가 제사장이다. 축복의 통로가 되어야 한다. 영향력 있는 자리를 성도가 차지해야 한다. 그래서 뇌물을 받지 말고 복의 근원으로서 책임을 가지고 살아야 한다. 제사장 역할을 하려면 믿지 않는 사람들에 대한 기도가 반드시 필요하다. 기회가 되는 대로 하나님을 이웃에게 알려야 한다. 복음을 전하고 그들을 지옥에서 구원해 내야 한다.

교회는 그리스도의 몸인데 각자의 은사가 있다. 성도는 각자가 지체의 역할을 감당하므로 주님이 기뻐하시는 일을 할 수 있다. 성도들 각자에게 주어진 은사를 가지고 은사에 맞는 사역을 하고 해 보면서 사역이 편하고 재미있고 열매가 있다면 헌신하는 것이다.

은사를 발견하는 방법은 자꾸 해 보면서 발견할 수 있다. 은사에 맞는 사역을 하면 편하게 느껴지고 열매가 있다. 그런데 자신은 편하고 좋은데 열매가 없으면 은사가 아니다.

그리고 남이 인정해 준다. 누가 가르치면 머리에 쏙쏙 들어오고 그냥 말하면 전도가 된다. 이런 식으로 은사를 발견하게 된다. 그래도 잘 모르겠다고 하면 남들 눈에는 안 보이는데 자신의 눈에 띄는 게 은사다. 화장실이 더럽다. '왜 이렇게 더럽지!' 하는 생각이 든다면 자신에게 하라고 하는 것이다. 은사는 누구나 하나 이상을 꼭 갖고 있다. 어릴 때부터 좋아하고 즐기고 잘했던 것이 은사다. 그것을 교회를 통해서 적용하는 것이 헌신이다. 헌신할 때 하나님이 요구하시는 것은 충성이다.

헌신은 보상이 있다. 결단만 하는 자가 아니라 실천하는 자가 되어야 한다. 하나님을 위해서가 아니라 자신을 위해서이다. 하나님의 말씀을 듣고 실천하지 않으면 이익(복)을 얻지 못한다. 다이어트 비디오를 아무리 보아도 소용없다. 그대로 따라서 운동을 해야 하듯이 하나님께 드리는 헌신도 생각이나 말이 아니라 실제로 시간을 만들고 몸으로 해야 한다.

진정한 헌신은 염려에서 벗어나게 만든다.

마 6:33-34 "너희는 먼저 그의 나라와 의를 구하라 그리하면 이 모든 것을 너희에게 더하시리라 34그러므로 내일 일을 위하여 염려하지 말라 내일 일은 내일 염려할 것이요 한 날 괴로움은 그날에 족하니라"

우선순위를 바르게 세우면 하나님이 생활을 책임져 주신다. 염려에서 완전히 자유하기 위해서는 하루하루 사는 법을 배워야 한다. 오늘 할 일을 내일로 미루지 말고 오늘 해야 한다. 오늘 주신 축복을 오늘 감사하며 즐겨야 한다. 내일의 염려 때문에 오늘의 감사와 기쁨을 빼앗기지 말아야 한다.

하나님은 결과가 아닌 충성에 따라 보상하신다. 다섯 달란트 받았던 자는 다섯 달란트를, 두 달란트 받은 자는 두 달란트를 남겼다. 이렇게 많은 차이에도 칭찬과 상급은 똑같았다. 착하고 신실하다는 것이다. 하나님께서는 상급을 주실 때에 결과에 의하지 않고 얼마나 충성했느냐를 보신다.

헌신의 노력은 헛되지 않는다.

고전 15:58 "그러므로 내 사랑하는 형제들아 견고하며 흔들리지 말며 항상 주의 일에 더욱 힘쓰는 자들이 되라 이는 너희 수고가 주 안에서 헛되지 않은 줄 앎이라".

헌신할 때 흔들리기 쉽다. 열매가 없는 것 같을 때도, 남이 인정해 주지 않을 때도 흔들리기 쉽다. 노력이 헛되지 않는다는 것은 문맥을 볼 때에 열매보다는 보상이 있다는 의미다. 몸의 부활이란 구절과 연결되어 있다. 하나님의 사역자는 천국의 상급을 바라보고 헌신해야 한다. 천국에는 반드시 상급이 있기 때문이다.

《믿음의 삶》 8주 과정

제1과 죄와 하나님의 사랑	제5과 성경과 하나님
제2과 회개와 신앙	제6과 그리스도와 성경
제3과 거듭남과 구원의 확신	제7과 성도의 신분과 삶
제4과 성도의 삶과 신앙생활	제8과 헌신과 보상

3) 예수 영접 모임(2시간)

- 구원과 천국의 확신과 신앙의 기본

믿음의 기초를 세우는 기본 신앙생활을 가르친 후 다시 모여 "예수 영접 모임"을 두 시간 동안 가진다. 《믿음의 삶》 과정 중 3주 동안 구원의 확신에 대한 공부를 했다. 공부는 공부이다. 다시 한번 확실한 구원의 확신을 가지도록 모여서 예수 그리스도를 공식적으로 영접하게 하고 예수 영접 후 어떻게 신앙생활 할 것인가를 확인한다.

이 시간엔 "전도폭발"이라는 전도 훈련용 교재를 사용한다. 이는 믿지 않는 불신자에게 전도하는 미국의 전도 방법이다. 실제로 사용해 보니 미국이란 기독교 문화 속에서 사는 사람들에게는 이 전도가 효과적일 수 있지만 그렇지 않은 나라에서는 아무래도 무리가 있는 것 같다. 그래서 예수 믿기로 작정하고 교회에 2-3개월 잘 나오는 사람에게나 《믿음의 삶》 8주 과정을 공부한 사람에게 한번 더 확인하여 확실하게 예수를 영접하고 구원의 확신에 대해 인 치는 방법이다. 이

보다 더 좋을 수는 없다.

모든 성도들이 구원의 확신만 확실하게 가져도 신앙생활이 달라질 것이고 교회의 분위기도 신앙의 질도 달라질 것이라고 확신한다. 여기까지 확실하게 참여한 사람은 구원의 확신만이 아니라 교회에서 떠밀어도 교회를 떠나지 않는 헌신적인 성도가 될 것이다.

4) 새 가족 환영회

- 인도자와 함께 정기적으로 모임(3-6개월)

이것은 꼭 해야 되는 것은 아니지만 교회 형편이 허락되는 한 하면 좋은 효과를 기대할 수 있다. 3개월이나 6개월 과정으로 하는데 새 신자와 새 신자를 인도한 성도와 그 새 신자를 맡은 모임의 중간지도자를 초청하여 저녁 식사를 잘 대접하고 모임을 가지는 것이다.

한 날을 정하여 식사 후 찬양과 교회의 형편을 따라 간단한 공연도 하고, 목회자와 중직자들을 소개하고 새 신자와 인도자를 그룹별로 나오게 하여 각각 소개한다. 그 후에 새 신자 중 가장 은혜를 받았거나 변화가 있는 사람 두세 명을 미리 준비하여 신앙 간증을 하게 한다. 전도한 사람이 해도 가능하다. 그런 다음 축복 기도하고 서로가 인사하고 마치면 된다. 정기적으로 하면 하나의 좋은 행사가 될 것이고 전도형 교회로서는 합당하고 아주 가치 있는 모임이 된다.

5) 성령체험(1박 2일 혹은 하루)

- 십자가의 은혜와 성령의 능력 체험

교회의 형편에 따라 1년에 한 번 혹은 2년에 한 번이나 6개월에 한 번도 할 수 있다. 새 신자와 기 신자가 섞여서 1박 2일이나 아침부터 밤까지 온전한 하루를 따로 떼어 한적한 곳에서 집중하는 모임이다.

첫 시간은 준비하고 사모하게 하고 이것이 얼마나 중요한 시간인지를 일깨워서 집중하게 하고, 십자가의 은혜를 새롭게 느끼면서 진정한 회개의 시간을 가진다. 그리고 성령의 은혜와 능력 체험을 설명하고 사모하며 뜨겁게 기도하는 중에 성령의 은사와 능력을 체험하게 한다.

이 시간은 너무 강력하여 사모하고 함께 참여하는 자가 어떤 형태로든 성령을 체험하고 하나님의 살아 계심을 체험하게 된다. 놀라운 것은 아무 체험이 없는 이들도 다른 성도가 체험하는 현장을 실제로 보면서 간접적인 체험을 하므로 모든 이들이 살아 계신 하나님이 우리와 함께하시고 지금도 우리에게 역사하시는 성령 체험을 하게 된다. 그러므로 신앙이 한 단계 훌쩍 성장하고, 살면서 성령이 함께하는 삶을 살게 되는 효과가 있다.

새 생명반, 《믿음의 삶》 8주 과정, 예수 영접 모임, 새 가족 환영회, 성령체험 이 다섯 가지가 새 신자를 위한 기본 교육인데 새생명반과 《믿음의 삶》, 예수 영접 모임은 목회자가 꼭 해야 할 교회 핵심 프로그램임을 인지하면 좋겠다. 그 다음 새 가족 환영회나 성령체험은 형편대로 하면 좋고 안 해도 문제는 없다. 그리고 《믿음의 삶》 8주 과정은 새 신자의 핵심 공부이기도 하면서 모든 성도의 기본교육 교재로 완벽하다. 교회에서 시행하면 놀라운 결과를 기대할 수 있다.

5. 제자의 삶

성도들이 제자의 삶을 살아야 한다. 제자훈련을 하고 성경공부를 하고 여러 가지 전문 교육을 하면 지식이 늘어나고 똑똑해지기는 하는데 진정한 제자의 삶을 살도록 삶을 변화시키는 방법을 찾아볼 수가 없다. 그것은 모든 가르침이 지적인 것, 교리적인 것과 신학적인 것 또는 성경공부에 초점이 맞추어져 있기 때문이다.

목회자가 새 신자를 정착하게 하고 믿음을 성숙하게 하는 일에 목회 생명을 걸고 최선을 다한다면 기존 성도들을 교육할 여력이 없다. 두 가지를 다 하려면 너무 힘들기에 한 가지도 제대로 되지 않는다. 그러면 어떻게 할 것인가?

성도들끼리 7-10명 정도로 묶어 주고 인도자를 세워서 준비된 교재를 가지고 제자의 삶을 공부하며 서로 이야기하면서 자연스럽게 자유학습을 하게 한다. 그러면 교재를 통해서나 서로의 이야기를 통해서 배우고 깨닫고 어떻게 살아야 제자의 삶을 살 것인가를 고민하면서 결단하게 된다.

교재의 내용은 이론과 신학과 교리는 빼고 제자로서 어떻게 살아야 할 것인가를 뽑아서 실제로 어떻게 살아야 제자의 삶을 살 것인지를 고민하고 이야기하면서 서로에게서 배우고 깨닫고 삶에 적용하는 형태이다.

목회자가 직접 가르치지 않아도 제자훈련을 다 하는 과정이다. 목회자는 인도자를 세우고 그들이 어떻게 인도할 것인지를 교재를 가지고 인도자와 함께 실제로 하듯이 3-4번만 해 보면 된다. 인도자는 인도하는 방식만 알면 인도자용 교재에 설명할 내용이 다 들어 있기 때문에 잘 할 수 있다.

목회자들은 평신도 인도자에게 맡기는 것을 못 미더워하는데 실제로는 그렇지 않다. 목회자가 직접 가르치는 것보다 효과가 있고, 더 잘 인도하고 진지하게 임하고 삶이 바뀌는 것을 볼 수 있다.

"제자의 삶"은 6권으로 되어 한 권이 12주 과정이다. 한 번에 3개월 모이고 3개월 쉬고 다음 3개월 계속하는 방식으로 하면 3년 과정이다. 그런데 한 번씩 빠지기도 하면 더 오래 걸릴 수도 있다. 이것을 다 이수한 이들이 다음 단계로 이어지면 교회의 한 프로젝트로 평생 교육이 된다. 이 프로젝트의 장점을 앞으로 설명할 것이다.

OO교회 "제자의 삶" 과정

1단계 : **믿음의 성숙** – 새신자를 위한 –

1. 새생명반 – 새 가족이 담임목사와 만나는 행복 교제
2. 믿음의 삶(8주) – 믿음의 기초를 세우는 기본 신앙생활
3. 예수 영접 모임(2시간) – 구원과 천국의 확신과 신앙의 기본
4. 새 가족 환영회(2시간) – 환영 만찬과 공연과 소개
5. 성령체험(1박 2일) – 십자가의 은혜와 성령의 능력을 직접 체험

2단계 : **제자의 삶**(12주 과정) – 기존 성도를 위한 –

1. 신앙의 삶 – 신앙생활의 기본적인 진리
2. 기도의 삶 – 하나님과의 온전한 관계
3. 성숙한 삶 – 성숙한 신앙생활의 모범
4. 섬김의 삶 – 성숙한 제자의 삶의 모범
5. 전도의 삶 – 제사장으로서 전도의 삶
6. 성령의 삶 – 성령과 함께 승리하는 삶

3단계 : **모범의 삶**(12주) – 차원 높은 신앙생활 –

1. 설교의 삶 – 설교를 삶에 적용하며 삶을 나누는 차원 높은 신앙생활
2. 성경의 삶 – 성경을 중심으로 삶에 적용하며 삶을 나누는 차원 높은 신앙생활
3. 독서의 삶 – 영적 모범 서적을 삶에 적용하며 나누는 차원 높은 신앙생활

이것을 교회의 전체 프로젝트로 요약하여 도표로 만들면 다음과 같다.

1) 제자의 삶 기본내용

제자의 삶 프로젝트

– 중·대형교회 –

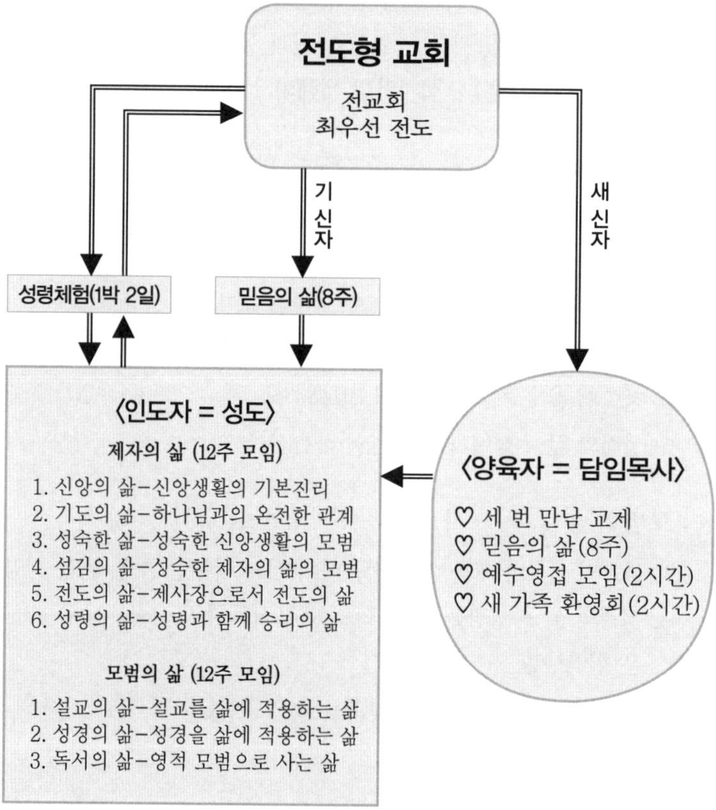

도표(大型) – 첨부 1

제자의 삶 프로젝트

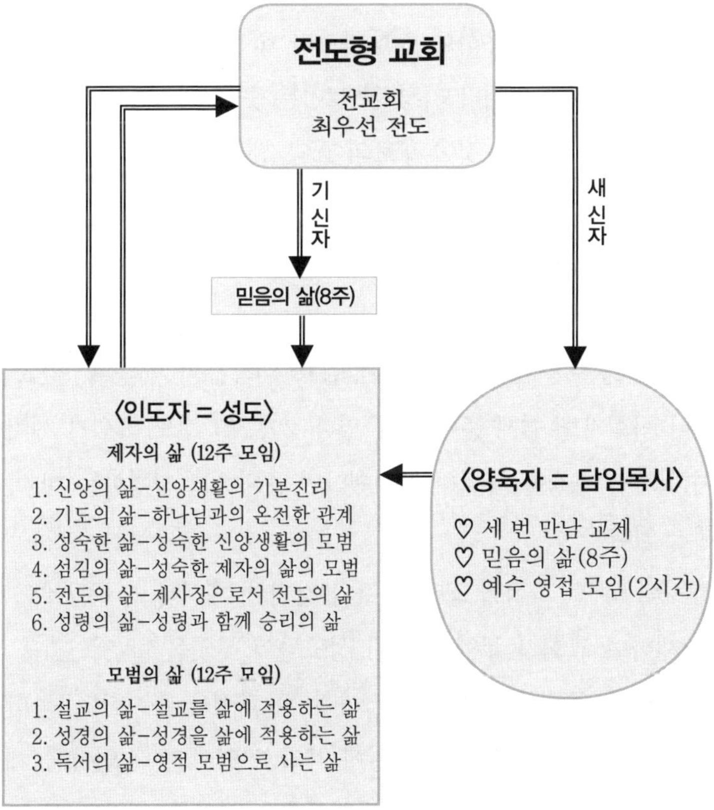

도표(小型) – 첨부 2

교회는 전도형 교회로 전력한다.

새 신자는 전도자가 계속 인도하고, 목회자가 책임지고 교육하여 성숙한 신앙인으로 만든다.

기존 신자는 인도자와 함께 "제자의 삶과 삶 나눔" 을 통해 제자의 삶을 산다.

이 프로젝트를 적용하여 시행하고자 하는 교회는 현수막을 크게 만들어 교회 입구 벽이나 가장 잘 보이는 곳에 게시하고, 주보에도 도표를 만들어 기재하는 것이 홍보의 효과가 클 것이다.

2) 전환 과정

제자의 삶은 전환 준비 과정이 쉽고 부작용이 있을 수 없고 어떤 교회나 목회자도 쉽게 준비할 수 있다. 2박 3일 정도 목회자 세미나에 참여하고 전 과정을 확실히 이해했다면 준비하고 시행하는 데 아무런 문제가 없다.

제자의 삶 전 과정을 교회 입구와 강단에 게시하고, 주보에도 확실히 게재하여 교회가 무엇을 하며 성도들이 무엇을 할 것인지를 파악하도록 하고, 준비 과정에서 시작까지 전 과정을 홍보한다. 목회자는 전 과정을 교회와 교인들의 형편에 따라 어떻게 할 것인가를 계획한다. 교회의 규모에 따라 평신도 인도자를 선정하고, 제자의 삶 과정을 설명하고 어떻게 인도할 것인가를 실습하면 된다.

제자의 삶을 몇 반으로, 몇 과목으로 시작하는지 결정하면 지도자를 정하고 교육하고 광고하여 시작하면 된다.

교회에서 어떤 프로그램을 도입하려고 할 때 모든 교인들이 다 참여하기를 강요하는 경우 반대하는 자들이 생기고 문제가 생기는 것을 볼 수 있다. 제자의 삶 프로젝트는 여기에 반대하거나 문제가 있을 수 없다. 참여하기를 원하는 사람이 하고, 원하지 않는 성도는 참여하지 않아도 되기 때문이다. 이 프로젝트는 정착이 되어 가면서 하지 않던 성도도 자연스럽게 하게 될 것이기 때문이다.

어떤 상황의 교회든 어떤 목회자든 쉽게 전환하고 정착시킬 수 있다. 다른 어떤 시스템을 하던 교회도 자연스럽게 전환하여 제자의 삶을 시작할 수 있다. 아무것도 하지 않던 목회자나 교회도 새롭게 해봐야겠다는 의지만 있으면 할 수 있다.

평신도들이 인도자가 되어 모임을 인도하고 섬김으로 제자훈련의 역할과 삶 나눔을 통해서 실제적인 삶의 문제점들을 해결하고 제자로서의 삶을 살게 된다.

3) 정착 과정

제자의 삶 과정은 정착 과정도 간단하고 분명하다. 돈이나 인력, 기타 복잡한 일이 필요 없다.

성도를 인도자로 삼아 섬기고 가르치며 진정한 성도의 교제를 경험할 수 있다. 성도끼리의 모임과 나눔과 교제를 통해 전 교인과 폭넓고 깊은 교제를 가질 수 있다. 배우고자 하는 성도의 욕구를 채워 줄 수 있다. 또한 지도자로서 역량을 가지고 열정이 있는 성도는 마음껏 은사를 발휘할 수 있다.

4) 제자의 삶 모임 방법

1. 한 반을 7-10명으로 모인다.
2. 3개월간 12주 동안 제자의 삶을 공부하고 삶을 나눈다.
3. 3개월을 쉬고 다음 계절에 다른 과목을 완전히 새로운 멤버들로 새롭게 시작한다. 1년에 두 번 모임을 가진다.
4. 인도자를 필요에 따라 세워서 담임목회자가 3-5번 정도 실제와 같이 인도자 지침서를 가지고 훈련한다.
5. 모임 성격은 인도자와 과목에 따라 성도들이 선택하여 모이게 한다. 자연스럽게 같은 부류의 사람들이 모이기도 하고 다양한 모임이 되도록 한다.
6. 여섯 과목이 1년에 두 번이면 3년 과정으로 기본적인 신앙생활과 실제적인 제자훈련이 되어 제자의 삶이 몸에 배이게 된다.
7. 그 후에는 설교의 삶, 성경의 삶, 독서의 삶, 기도의 삶을 돌아가며 교회의 평생 교육과정으로 삼는다.
8. 제자의 삶을 통해 한 시간 정도 자기의 생각을 이야기하면서 어떻게 살 것인가를 자율 학습처럼 공부한다.
9. 지난 한주간의 삶 나눔을 한 시간 정도 한다. 서로 감사할 일과

문제들을 이야기한 후에 각 문제들을 놓고 통성으로 기도한다. 전체적으로 두 시간 정도 모임을 갖는다.

10. 모임의 모든 순서를 통해서 예배의 성격은 아니지만 완벽한 예배의 요소들을 갖춘 행복한 모임이 되도록 한다.

5) 제자의 삶의 장점

성도들은 행복한 교회생활과 신앙생활을 하게 하고 목회자도 행복한 목회를 하는 것이다.

교회

"제자의 삶" 과정은 제자훈련의 전 과정을 단순화하여 누구든지 쉽고 재미있게 참여함으로 제자의 삶을 몸에 배게 하고 제자로서의 자격을 갖추어 간다. 거기에 전도의 삶 12주 과정을 통해 전도를 생활화 하게 하고, 성령의 삶 12주 과정을 통해 성령과 동행하는 능력과 권능을 행사하며 승리의 삶을 살게 되는 것이다.

3개월간 12주 과정으로 모였다가 3개월을 쉬고 다음 계절에 하게 되므로 1년에 두 번이라 모이고 섬기는 과정이 단순하여 끊임없이 계속하는 부담감이란 문제점을 보완했기 때문에 만족감이 클 수밖에 없다.

너무 많은 것을 가르치지 않기에 학자나 이론가가 될 위험이 없고 배운 것을 삶에 실천하게 되어 순수한 사역자가 될 수 있다. 제자훈련이나 가정교회, 셀 교회, 전도폭발, 알파 등의 좋은 요소들이 집합되어 있다.

어떤 형태의 교회든 부담 없이 시작할 수 있다. 아무런 문제 없이 "제자의 삶"을 시작할 수 있고 반드시 성공할 수 있다. 교회나 목회자, 성도 모두가 만족할 수 있는 프로젝트이다.

목회자

목회자는 1단계 믿음의 성숙, 새생명반(3주), 믿음의 삶(8주), 예수 영접 모임(2시간), 새 가족 환영회를 통해 새 신자에게 시간과 정열을 투자하여 새 신자는 한 사람도 놓치지 않겠다는 신념으로 책임 사역을 한다.

목회자는 새 신자를 맞이하고 교육하고 정착하게 하여 온전한 성도로서 행복한 신앙생활을 하게 한다.

이 외의 제자의 삶 전 과정은 평신도 인도자들로 하여금 진행하게 한다. 목회자는 인도자로 사역할 성도를 발굴하고 세우면 되고, 성도는 자기가 필요한 모임에 참여하면 된다. 학력이나 지식이 별로 없어도 평범한 신앙생활을 하는 사람이라면 인도자로 세울 수 있다. 인도자는 질문에 대한 성도들의 대답을 듣기만 하면 되고, 교재에 답이 다 나와 있기에 그것을 설명해 주면 되기 때문이다. 평신도 중에 인도자는 진정한 섬김을 통해 자부심과 보람을 누리며 살게 된다.

봄, 가을 1년에 두 번 3개월씩 성도들끼리 모이고 그 외는 목회자의 또 다른 관심 영역에서 영적 체험을 하면서 다양하고 신선한 신앙생활을 할 수 있고 보람된 목회 사역을 할 수 있다.

인도자

인도자는 단순하게 인도만 하기에 교만하거나 문제 인물이 될 수 없다. 행복교회 제자의 삶 모임 지도자는 인도자라고 한다. 평신도 지도자들의 부담을 줄여 주기에 쉽게 인도할 수 있다. 언제든지 그만둘 수 있고 다시 할 수도 있고 새로운 사람을 세우면 된다. 새로 세우는 인도자는 다시 교육할 필요가 없다. 진행 과정을 경험해 보았기 때문이다. 한 시간 정도만 인도자 지침서를 가지고 가르치면 될 것이다. 3개월 과정으로 완전히 끝나고 그 후에 새롭게 새로운 사람들과 모이기 때문이다.

성도

삶을 나눔으로 삶의 문제점들을 이야기하고 위로받고 해결책을 찾을 뿐만 아니라 많은 격려도 받고 기도도 받고 신앙생활의 활력을 얻고 승리의 삶을 경험하게 된다.

일반 성도들은 제자의 삶 과정을 통해서 진정한 제자의 삶을 익혀가며 진정한 제자의 삶을 살게 된다. 성도들의 배우기 원하고 진정한 깊이가 있는 영적 교제의 욕망을 '제자의 삶' 모임을 통해서 충족할 수 있다.

성도들이 3개월씩 돌아가면서 깊은 교제를 하므로 전 교인과 구체적인 교제를 나눌 수 있다. 성도는 한 모임이나 한 인도자에게만 소속되는 것이 아니라 다양한 모임과 평신도 지도자를 접할 수 있다. 당을 짓는 일이 없게 된다.

"제자의 삶" 여러 과정의 모임은 참여하고자 하는 자는 참여하고, 형편이 되지 않거나 원하지 않는 성도는 참여하지 않아도 되는 자율형이다.

제자의 삶 참여자들도 각각 직책을 받아 수행하고 사역하며 모든 참여자가 보람을 누릴 수 있다. 모여서 각자 경험한 삶과 신앙생활에서 오는 고민들을 구체적이고 실제적인 나눔을 통해서 일방적인 가르침과는 달리 삶의 진정한 변화를 기대할 수 있다. 원하는 사람들만 하고 강제나 억지로 참여시키지 않는다.

6) 제자의 삶 모임 구성

1. 각 모임의 인도자를 정하고 교인들에게 어느 반에 참여할 것인지 선택권을 준다.
2. 지도자 교재가 따로 있기에 중직자나 자원하는 사람은 누구나 할 수 있다.
3. 성도들 가운데 지원자가 많으면 여러 반으로 구성하면 된다.
4. 첫 시간을 마치고 각자의 직책을 구성한다.

*** 첫 시간에 이번 회기 직책을 정한다. 다음 시간부터는 직책대로 사역하며 충성한다.

인도자 : 모임의 모든 것을 총괄한다. 교회에서 임명한 당연직이다.

총무 : 인도자 유고 시 인도자 역할을 한다. 인도자를 도와 모임이 원만하게 한다.

찬양부장 : 모임에 찬양을 준비하여 인도한다.

기도부장 : 모임을 위하여 기도하고 모임 시간의 기도를 인도한다.

심방부장 : 모임에 결석한 사람을 연락하고 심방하여 낙오하는 사람이 없게 한다.

친교부장 : 모임 첫 시간 2-3분간 유머나 게임을 통해 안정된 분위기를 만들고 전체 친교를 담당한다.

행정부장 : 모임 보고서를 작성하여 보고하고 과제물이나 기타 필요한 것을 준비한다.

재정부장 : 모임의 필요에 따라 회비나 간식 등을 준비하고 주관한다.

광고부장 : 광고를 정리하여 간단하고 깔끔하게 한다. 총무나 인도자가 할 수도 있다.

* 그외 필요하다고 생각되는 직책을 정하여 맡긴다. 가능하면 모든 회원이 직책을 가지면 좋다. (설교의 삶 -- 설교 강사, 전도부장)
* 간식이나 식사의 규모, 돌아가며 준비할 것인지 회비를 내어 준비할 것인지를 의논한다.

* 모임 장소도 각자의 가정에서 돌아가며 할 것인지, 어디에서 어떻게 모일 것인지를 의논한다.

7) 제자의 삶 모임 전형적인 순서

1) 간식이나 애찬
2) 친교 : 3분 ⇨ 친교부장
3) 찬양 : 10-15분 ⇨ 찬양부장
4) 제자의 삶 : 40-50분 ⇨ 인도자
5) 삶 나눔 : 30-40분 ⇨ 인도자
5) 중보기도 : 10-20분 ⇨ 기도부장
6) 간단한 찬양 한 곡 ⇨ 찬양부장
7) 광고 ⇨ 총무 혹은 광고부장

모임 전체 시간을 인도자가 적당히 지혜롭게 잘 조절해야 한다. 질문과 답에 미리 전체 시간을 조절하고 삶 나눔 시간을 잘 조절하여 1시간 30분 정도 아니면 2시간이 넘지 않도록 한다.

8) 제자의 삶 모임 인도자 지침

1. 모임 전체 시간을 인도자가 적당히 지혜롭게 잘 조절해야 한다. 질문과 답에 미리 전체 시간을 조절하고 삶 나눔 시간을 잘 조절

하여 두 시간이 넘지 않도록 한다.

2. 가능한 한 인도자 교안 그대로 인도한다. 제자의 삶은 성경공부나 연구가 아니라 신앙생활에 꼭 필요한 부분을 짚고 넘어가는 수준이기에 깊이 연구하는 과정이 아니라는 것을 기억해야 한다.
3. 질문을 통해서 한 번 생각하여 관심을 가지게 하고 한두 명 혹은 두세 명의 대답을 통해서 공감하도록 하고 서로의 생각과 대답을 통해서 스스로 결심하고 삶에 적용하여 제자의 삶을 살게 하는 것이다.
4. 인도자는 아래의 설명한 답을 잘 설명해 주어서 질문에 대한 옳은 답을 제시해 준다.
5. 인도자는 교재에 있는 내용 외에는 질문이나 대답을 자제하여 교재에 한정하여 인도하도록 한다. 교재에 있는 답 외에 대한 질문은 잘 모른다거나 목사님께 물어서 대답해 주겠다고 한다.
6. 질문할 때 잘 이해가 되지 않는다 싶으면 다른 방식으로 설명해서 질문을 충분히 이해하게 한다.
7. 한두 명 혹은 몇 명이 이야기할 때 말을 잘하는 사람이 계속해서 대답하는 것을 자제하도록 유도한다.

말을 잘 안 하려고 하는 사람은 아주 쉬운 질문에 지정해서 단답이라도 말하게 한다. 참여한 전체 인원이 한 마디 이상은 자기 표현을 하도록 유도한다.

8. 제자의 삶 모임은 인도자나 회원들의 형편에 따라서 언제 어디서나 자유롭게 모일 수 있다.

9. 제자의 삶 모임에 시간을 많이 보냈다면 삶 나눔은 중요한 일이 있는 한두 명이나 몇 명만 나누고 기도하고 마칠 수 있다.
10. 제자의 삶 마무리는 인도자가 중요한 것을 요약 설명하고, 자신의 깨달음이나 결심을 이야기하고 다른 이들의 좋은 말을 인용하여 마무리하고 삶 나눔을 진행한다.

6. 삶 나눔 인도자 지침

성도간의 진정한 깊은 교제가 있어야 한다. "제자의 삶"을 공부하고 이어서 지난 한 주간의 "삶 나눔"을 가짐으로 성도의 진정한 깊은 교제를 나누게 된다. 이것은 여러 가지 장점이 있는데 현대 교회에 나타나는 여러 문제들이 해결되고 상담이나 심방 등 모든 방면의 문제들이 해결될 수 있다.

삶 나눔을 통해서 성도의 진정한 친밀한 교제를 이룰 수 있다. 3개월 12주 동안 모여 제자의 삶을 배우고 삶 나눔을 통해서 영적인 현실 문제들에 치유가 일어나는 역사를 경험할 것이다.

1. 삶을 나누는 것에 중점을 두되 사건보다 그때 느낀 자기 감정을 표현하게 한다. 사건만 이야기하면 치유의 의미가 약해진다. 자기 감정을 쏟아낼 때 치유의 결실을 얻게 되기 때문이다.

2. 성도가 문제를 안고 있는 것이 발견되면 집중하여 들어주고 기도해 주고 계속적인 관심과 사랑으로 그 문제 해결에 중점을 둔다. 모임 이후에도 서로가 어떻게 도울 것인가를 생각하고 효과적이고 실제적으로 도와준다.

3. 삶을 나누면서는 분명한 주제를 준다: "지난 주간에 감사한 일을 한 가지씩 나누겠습니다" 하고 '감사한 일'을 주제로 삼을 때에 이야기가 세상적으로 흘러가는 것을 막는다. 감사한 일을 나눌 때에 안 믿는 사람도 할 말이 생긴다. 감사의 대화를 나눌 때에 개인적인 속 깊은 이야기가 나오기 쉽다. 감사거리를 찾는 습관이 몸에 배면서 감사하는 삶을 살게 된다.

4. "삶 나눔" 인도자는 내적 치유를 위하여 자신을 적당히 노출한다. 너무 많이 노출하면 권위가 약해지고 너무 거룩하거나 경건하여 노출하지 않으면 진정한 나눔이 어려워진다. 인도자가 문제 가운데에 있을 때는 노출하지 말고 문제가 해결된 후에 말한다. 성도들 가운데에는 치유가 필요한 결손 가정 출신이 많다. 내적 치유는 문제를 말하고 들어 주는 데에서 일어난다. 가능한 한 투

명하게 자신을 노출하되 그 수위를 적당히 조절한다.

5. "삶 나눔" 시간에는 간증과 질문만을 사용한다. 상식적인 대답을 하지 말고 자신의 경험이나 잘 아는 분의 경험을 말해 준다. 성경 구절 인용만 하지 말고 성경 구절을 붙들고 승리한 경험을 말하도록 한다. 경험이 없으면 질문을 던져서 스스로가 자신의 문제를 해결하도록 돕는다. 인도자는 식구들의 말이 끝난 후에 코멘트를 달지 않는다. 이렇게 하면 인도자가 코치하는 시간이 되어 진솔한 나눔이 이루어지지 않는다.

6. "삶 나눔" 후에는 비밀을 지켜주어야 한다. 비밀을 주고 받으면 비밀을 공유한다는 느낌이 있어서 비밀이 지켜진다. 나눔의 시간에 나누어지는 이야기는 비밀임을 회원들에게 수시로 주지시킨다.

7. 인간에게는 자기 표현의 욕구가 있기 때문에 "삶 나눔"은 중요하다. 이 표현 욕구가 사회생활에서는 채워지지 않는다. 자주 만나는 친척에게도 솔직한 나눔은 어렵다. 이 표현 욕구가 채워질 때에 새 신자나 믿지 않는 사람도 참석하게 된다.

8. "제자의 삶"과 "삶 나눔" 후에 마무리는 중보기도로 한다. 기도부장이 모임에서 나눈 내용을 중보기도로 마무리한다.

"제자의 삶"에서 깨달음이나 버릴 것, 결심을 각자 통성으로 기도한다.

오늘 "삶 나눔"을 통해서 알게 된 몇 분의 기도제목을 통성으로 기도한다.

교회의 가장 중요한 일들을 위해서, 전도와 부흥, 목회 사역을 위해서 통성으로 기도한다. 기타 중요한 일들이 있다면 제목을 주고 함께 통성으로 기도한다.

9. 모일 때마다 반드시 기도 응답 여부를 점검한다. 기도 응답을 통해서 하나님의 살아 계심을 경험한다. 현대인은 하나님을 체험하지 않으면 믿으려 하지 않는다. 구체적인 기도 응답을 받았을 때에 하나님의 존재를 진지하게 생각한다.

7. 모범의 삶

모범의 삶은 제자의 삶 여섯 과정을 마친 성도들이 계속해서 모임을 가지도록 하는 과정이다. 기본적인 신앙생활에 대한 제자훈련을 마친 이들이 이제 성숙한 성도로서 어떻게 모범된 신앙생활을 할 것인가? 새로운 12주 동안 계속 모임을 가지고 삶을 나누며 격려와 칭찬과 위로와 치유를 받는 평생 프로젝트이다. 12주 동안 모이고 3개월간 쉬고 또 다른 모임을 가짐으로 항상 새롭고 뜨겁게 신앙생활에 활력을 불어넣을 수 있다.

제자의 삶 여섯 과정을 계속한다고 해도 3년 과정이다. 어떤 성도는 5년, 6년이 걸릴 수도 있다. 그 후 설교의 삶과 성경의 삶, 독서의 삶을 번갈아서 하며 전 성도들과 골고루 진정한 교제를 나누고 서로 돕고 기도하며 한 식구로서 한 평생을 어우러지게 하는 프로젝트이다. 구역예배나 다른 모임처럼 수년 혹은 수십 년 동안 같은 사람들과 모이는 모임보다 항상 새롭고 신선한 모임이 될 것이다.

1) 설교의 삶

1. 제자의 삶 모임과 같은 순서로 하되 지난주 담임목사의 설교를 가지고 나눔을 가지는 것이다.

*** 간식이나 애찬
*** 친교 3분 ⇨ 친교부장
*** 찬양 10-15분 ⇨ 찬양부장
*** 제자의 삶 나눔 30-40분 ⇨ 인도자

** 첫 시간에 각자 간단히 자신을 소개한다. 이름, 직업, 취미, 신앙경력 등을 2분 이내로 이야기한다.
** 둘째 주간부터 첫 질문은 지난주 삶에 적용해 보겠다고 한 것을 삶에 적용해 보니 어떠했는가?"라고 묻고 이에 대해 간증한다.

2. 설교 강사가 지난주 설교를 요약하여 3분 설교를 한다.
** 모두가 같이 듣는다.

** 강사를 격려해 준다.

3. 지난주 설교를 통해서 깨달은 것이나 은혜 받은 것을 이야기 해 봅시다.
** 각자의 이야기를 듣는다.
** 말을 안 하려는 사람은 지혜롭게 넘어가고 부끄럽거나 창피한 느낌이 들지 않도록 한다.
** 한두 명의 이야기를 듣는다.

4. 지난주 설교를 듣고 깨닫고 은혜 받은 대로 실천해 보려고 했던 과정과 결과를 간증해 봅시다.
** 몇 명의 이야기를 듣는다.
** 이야기한 사람을 격려해 준다.

5. 다른 이들의 이야기를 듣고 가장 공감되는 것과 새롭게 깨달은 사실을 이야기해 봅시다.
** 몇 명의 이야기를 듣는다.

6. 오늘 깨날음을 통해 앞으로 나의 삶에 어떻게 적용할 것인지 결심과 고백을 이야기해 봅시다.
** 몇 명의 고백을 진지하게 듣는다.
** 다음 주 첫 질문은 한 주간 동안 삶에 적용한 결과를 간증하는

시간을 가지겠다고 한다.

*** 삶 나눔 30-40분 ⇨ 인도자

1. "지난 주간에 있었던 감사한 일을 한 가지씩 나누겠습니다."
진지하게 들어 주고 칭찬과 격려를 아끼지 않는다.

2. "지난 주간에 있었던 삶을 나누겠습니다." 어려운 일이나 힘든 일도 함께 나눈다.
진지하게 들어주고 공감해 주는 것을 잊지 말아야 한다.
힘든 일이나 어려운 일은 위로해 주고, 함께 기도해 주는 것도 잊어서는 안 된다.

*** 기도 10-20분 ⇨ 기도부장
설교의 삶에서 깨달음이나 버릴 것, 결심을 각자 통성으로 기도한다.
오늘 삶 나눔을 통해서 기도해야 할 몇 분의 기도제목을 통성으로 기도한다.
교회의 가장 중요한 일들을 위해서, 전도와 부흥, 목회 사역을 위해서 통성으로 기도한다.

*** 간단한 찬양 한 곡 ⇨ 찬양부장

*** 광고 ⇨ 총무 혹은 광고부장

*** 주기도문으로 마침

*** 12주간 동안 계속해서 같은 방법으로 한다.

*** 첫 시간에 이번 회기 직책을 정한다. 다음 시간부터는 직책대로 사역한다.

인도자 : 모임의 모든 것을 총괄한다. 교회에서 임명한 당연직이다.

총 무 : 인도자 유고 시 인도자 역할을 한다. 인도자를 도와 모임이 원만하게 한다.

설교 강사 : 가장 어린 새신자 수준의 사람으로 정하는 것이 좋을 수 있다.

찬양부장 : 모임에 찬양을 준비하여 인도한다.

기도부장 : 모임을 위하여 기도하고 모임 시간의 기도를 인도한다.
삶 나눔 후 기도 시간에 함께 통성기도를 인도한다.

- 제자의 삶에서 깨달음이나 버릴 것, 결심을 각자 통성으로 기도한다.
- 오늘 삶 나눔을 통해서 기도해야 할 몇 분의 기도제목을 통성으로 기도한다.
- 교회의 가장 중요한 일들을 위해서, 전도와 부흥, 목회 사역을 위해서 통성으로 기도한다.

심방부장 : 모임에 결석한 사람을 연락하고 심방하여 낙오하는 사

람이 없게 한다.

친교부장 : 모임 첫 시작 시간 2-3분간 유머나 게임을 통해 안정된 분위기를 만들고 전체 친교를 담당한다. 12주 마친 후에도 역할을 한다.

행정부장 : 모임 보고서를 작성하여 보고하고 과제물이나 기타 필요한 것을 준비한다.

재정부장 : 모임의 필요에 따라 회비나 간식 등을 준비하고 주관한다.

광고부장 : 광고를 정리하여 간단하고 깔끔하게 한다. 총무나 인도자가 할 수도 있다.

* 그 외 필요하다고 생각되는 직책을 정하여 맡긴다. 가능하면 모든 회원이 직책을 가지면 좋다.
* 간식이나 식사의 규모와 돌아가며 준비할 것인지, 회비를 내어 준비할 것인지를 의논한다.
* 모임 장소도 각자의 가정에서 돌아가며 할 것인지, 어디에서 어떻게 모일 것인지를 의논한다.

2) 성경의 삶

제자의 삶 모임과 같은 순서로 모이되 성경을 한 장씩 읽고 적용하는 것이다.

*** 간식이나 애찬

*** 친교 3분 ⇨ 친교부장

*** 찬양 10-15분 ⇨ 찬양부장

*** 제자의 삶 나눔 30-40분 ⇨ 인도자

*** 첫 시간에 각자 간단히 자신을 소개한다. 이름, 직업, 취미, 신앙 경력 등을 2분 이내로 이야기한다.

*** 어느 성경을 읽을 것인지 인도자가 목사님과 상의하여 정하여 한 번에 한 장씩 읽는다.

*** 이번 주간 동안 다음 주에 읽고 나눌 성경을 미리 읽고 준비하여 오는 것이 숙제이다.

1. ** 둘째 주간부터 첫 질문은 지난주 삶에 적용해 보겠다고 한 것을 삶에 적용해 보니 어떠했는가를 간증한다.

2. 오늘 본문을 읽는다. 같이 한 번 읽고 개인적으로 정독을 하고 묵상을 한다.

   전체 내용이 무엇인지 각자가 이야기해 봅시다.

** 몇 명의 이야기를 듣는다.

** 이야기를 안 하려고 하는 이들은 지혜롭게 넘어가고 부끄러움이나 창피한 느낌이 들지 않도록 각별히 조심해야 한다. 그래야 다음에 편하게 이야기할 수 있다.

3. 오늘 읽은 내용 중에 가장 관심이 가는 구절이나 내용은 무엇이며 어떤 느낌이나 가르침을 받았는지 이야기해 봅시다.

몇 명의 이야기를 듣는다.

4. 서로의 이야기를 듣고 새롭게 깨닫거나 자신의 삶에 어떻게 적용할 것인가를 고백합니다.

몇 명의 고백을 듣는다. 가능하면 모두 다 참여하도록 유도한다.

이번 한 주간 동안 각자의 고백을 삶에 실천하도록 노력해 보자고 격려한다.

다음 주간에는 삶에 적용해 보니 어떠했는가를 간증하는 시간을 가지겠다고 약속한다.

다음 주 첫 질문은 어떻게 삶에 적용하며 살았는지를 간증하는 것이다.

*** 삶 나눔 30-40분 ⇨ 인도자

1. "지난 주간에 있었던 감사한 일을 한 가지씩 나누겠습니다."

진지하게 들어 주고 칭찬과 격려를 아끼지 않는다.

2. "지난 주간에 있었던 삶을 나누겠습니다." 어려운 일이나 힘든 일도 함께 나눈다.

진지하게 들어 주고 공감해 주는 것을 잊지 말아야 한다.

힘든 일이나 어려운 일은 위로해 주고, 함께 기도해 주는 것도 잊어서는 안 된다.

*** 기도 10-20분 ⇨ 기도부장

성경의 삶에서 깨달음이나 버릴 것, 결심을 각자 통성으로 기도한다.

오늘 삶 나눔을 통해서 기도해야 할 몇 분의 기도제목을 통성으로 기도한다.

교회의 가장 중요한 일들을 위해서, 전도와 부흥, 목회 사역을 위해서 통성으로 기도한다.

*** 간단한 찬양 한 곡 ⇨ 찬양부장

*** 광고 ⇨ 총무 혹은 광고부장

*** 주기도문으로 마침

* 첫 모임 후, 각자의 직책을 정하고 모임에 대한 의견을 모은다.

3) 독서의 삶

제자의 삶 모임과 같이 하되 신앙생활에 도움이 되는 책을 읽고 삶에 적용한다.

*** 간식이나 애찬

*** 친교 3분 ⇨ 친교부장

*** 찬양 10-15분 ⇨ 찬양부장

*** 제자의 삶 나눔 30-40분 ⇨ 인도자

** 첫 시간에 각자 간단히 자신을 소개한다. 이름, 직업, 취미, 신앙 경력 등을 2분 이내로 이야기한다.

** 어느 신앙서적을 읽을 것인지 인도자가 목사님과 상의하여 정하고 한 번에 한 단원씩 읽는다.

** 모임 시작 한 주간 전에 정해진 책을 나누어주고 서론과 첫 단원을 읽어오게 한다.

** 매주 다음 주에 읽고 나눌 신앙독서를 미리 읽고 준비해 오는 것이 숙제이다.

1. ** 각자 간단히 자신의 소개를 해 봅시다. 이름, 직업, 취미, 신앙 경력 등을 2분 이내로 이야기한다.

2. 둘째 주간부터 첫 질문은 지난주 삶에 적용해 보겠다고 한 것을 삶에 적용해 보니 어떠했는가를 간증한다.

3. 오늘 읽을 분량을 같이 읽고 살펴본 후 어떤 내용인지 각자가 이해한 대로 이야기해 봅시다.

** 몇 명의 이야기를 듣는다.

** 말을 하지 않으려는 사람은 지혜롭게 넘어가고 부끄러움이나 창

피한 느낌이 들지 않도록 각별히 관심을 가지고 주의한다.

4. 오늘 내용 중에 각자가 자기 마음에 다가오는 내용은 무엇인지 이야기해 봅시다.

** 몇 명의 이야기를 듣는다.

5. 서로의 이야기를 듣고 새롭게 깨달은 내용이나 자신의 삶에 어떻게 적용할 것인가를 이야기해 봅시다.

** 몇 명의 고백을 듣는다. 가능하면 모두 다 참여할 수 있도록 격려한다.

** 이번 한 주간 동안 각자의 고백을 삶에 실천하도록 노력해 보자고 격려한다.

** 다음 주간에는 삶에 적용해 보니 어떠했는가를 간증하는 시간을 가지겠다고 약속한다.

** 다음 주 첫 질문은 어떻게 삶에 적용하며 살았는지를 간증하는 것이다.

*** 삶 나눔 30-40분 ⇨ 인도자

1. "지난 주간에 있었던 감사한 일을 한 가지씩 나누겠습니다."
진지하게 들어 주고 칭찬과 격려를 아끼지 않는다.

2. "지난 주간에 있었던 삶을 나누겠습니다." 어려운 일이나 힘든 일도 함께 나눈다.

진지하게 들어주고 공감해 주는 것을 잊지 말아야 한다.

힘든 일이나 어려운 일은 위로해 주고, 함께 기도해 주는 것도 잊어서는 안 된다.

*** 기도 10-20분 ⇨ 기도부장

독서의 삶에서 깨달음이나 버릴 것, 결심을 각자 통성으로 기도한다.

오늘 삶 나눔을 통해서 기도해야 할 몇 분의 기도제목을 통성으로 기도한다.

교회의 가장 중요한 일들을 위해서, 전도와 부흥, 목회 사역을 위해서 통성으로 기도한다.

*** 간단한 찬양 한 곡 ⇨ 찬양부장

*** 광고 ⇨ 총무 혹은 광고부장

*** 주기도문으로 마침

* 첫 모임 후, 각자의 직책을 정하고 모임에 대한 의견을 모은다.

맺는말

제자의 삶 프로젝트는 어떤 형태의 교회도 적용이 가능할 뿐만 아니라 어떤 어려움이나 부작용 없이 시작할 수 있는 가장 완벽한 프로젝트이다. 목회자가 너무 큰 욕심을 가지지 않고 편하게 시작하여 평생 동안 교회와 목회 프로그램으로 운용한다면 반드시 교회의 부흥과 성장을 가져오게 될 것이다.

목회자도 성도들을 관리하고 교육하는 데 에너지가 다 소진되지 않으면서 교회를 전도형 교회로 만들어 온 교회가 최선을 다하게 된다. 그리고 인도해온 새신자를 맡아서 책임 사역을 하는 것이다. 새 신자와 함께 기존 성도들의 기본 신앙생활을 교육하여 단순한 목회 사역을 통해서 보람과 행복을 누리게 될 것이다.

성도들은 억지로 어떤 프로그램에 참여해야 하는 일이 없고 형편이 되지 못해 못하는 아쉬움이 있지만 눈치 볼 필요가 없다. 그리고 형편이 될 때 자원해서 참여하게 될 것이기 때문에 행복한 신앙생활을 할 수 있다.

제자의 삶 프로젝트는 이런저런 프로그램을 또다시 해야 할 필요가 없이 한번 시작하면 평생 교회와 목회 프로젝트가 된다. 교회와 성도는 전도에 전력하고 전도된 새 신자를 목회자가 양육하여 온전한 성도로, 전도하는 성도로 사역하게 하여 예수님의 제자로 세워진다. 일반 성도들은 자기들끼리 모여서 제자훈련 전 과정을 생활 속에서 적용하고 기본적인 제자의 삶을 살게 될 것이다.

지금까지 강조한 것처럼 목회자는 행복한 목회자가 되고 성도는 행복한 신앙생활을 하게 될 것이다.

○○교회
제자의 삶 과정

1단계 믿음의 성숙 – 새 신자를 위한

1. 새생명반 - 새 가족이 담임목사와 만나는 행복 교제
2. 믿음의 삶(8주) - 믿음의 기초를 세우는 기본 신앙생활
3. 예수 영접 모임(2시간) - 구원과 천국의 확신과 신앙의 기본
4. 새 가족 환영회(2시간) - 환영 만찬과 공연과 소개
5. 성령체험(1박 2일) - 십자가의 은혜와 성령의 능력을 직접 체험

2단계 제자의 삶(12주 과정) – 기존 성도를 위한

1. 신앙의 삶 - 신앙생활의 기본적인 진리
2. 기도의 삶 - 하나님과의 온전한 관계
3. 성숙한 삶 - 성숙한 신앙생활의 모범
4. 섬김의 삶 - 성숙한 제자의 삶의 모범
5. 전도의 삶 - 제사장으로서 전도의 삶
6. 성령의 삶 - 성령과 함께 승리하는 삶

3단계 모범의 삶(12주) – 차원 높은 신앙생활

1. 설교의 삶 - 설교를 삶에 적용하며 삶을 나누는 차원 높은 신앙생활
2. 성경의 삶 - 성경을 중심으로 삶에 적용하며 삶을 나누는 차원 높은 신앙생활
3. 독서의 삶 - 영적 모범 서적을 삶에 적용하며 나누는 차원 높은 신앙생활

- ○○교회

1〉 제자의 삶
교재의 내용

1권. 신앙의 삶 – 신앙생활의 기본적인 진리

제1과 신앙의 간증
제2과 성도의 교제
제3과 인생의 근본 문제
제4과 회개와 믿음
제5과 예배
제6과 기도
제7과 전도
제8과 고난과 시련
제9과 헌신
제10과 헌신의 보상
제11과 목회자와의 관계
제12과 하나님과의 관계

2권. 기도의 삶 – 하나님과의 온전한 관계

제1과 하나님과의 교제(1)
제2과 하나님과의 교제(2)
제3과 하나님과의 만남
제4과 하나님 말씀의 능력
제5과 기도의 특권

제6과 기도의 자세
제7과 기도의 내용
제8과 기도의 응답
제9과 기도 응답의 유형
제10과 성령과 기도
제11과 중보기도
제12과 기도의 종류

3권. **성숙한 삶** – 성숙한 신앙생활의 모범
제1과 믿음의 사람
제2과 거듭난 사람
제3과 의로운 사람
제4과 성령의 사람
제5과 거룩한 사람
제6과 소망의 사람
제7과 순종의 사람
제8과 섬김의 사람
제9과 전도의 사람
제10과 감사의 사람
제11과 축복의 사람
제12과 교회의 사람

4권. **섬김의 삶** – 성숙한 제자의 삶의 모범

제1과 성숙한 믿음의 삶

제2과 덕을 세우는 삶

제3과 성도의 순결한 삶

제4과 성도의 가정 삶

제5과 고난에서 승리의 삶

제6과 예수님이 주인인 삶

제7과 청지기 삶

제8과 영적 전투의 삶

제9과 사랑하는 삶

제10과 교회에서 삶

제11과 이웃에서 삶

제12과 섬김의 삶

5권. **전도의 삶** – 제사장으로서 전도의 삶

제1과 가장 큰 계명

제2과 복음을 전하는 삶

제3과 복음에 참여하는 삶

제4과 예수님을 믿는 삶

제5과 예수님을 따르는 삶

제6과 전도자의 삶
제7과 전도의 핵심 내용
제8과 이웃과의 관계
제9과 최선을 다하는 전도
제10과 함께하는 전도
제11과 가장 쉬운 전도방법
제12과 새신자 정착

6권. **성령의 삶** – 성령과 함께 승리하는 삶

제1과 성령의 사람
제2과 성령 충만의 중요성
제3과 성령
제4과 성령의 상징
제5과 성령의 구원 사역
제6과 성령의 교회 사역
제7과 성령 충만한 삶
제8과 성령의 은사
제9과 성령의 은사 활용
제10과 성령의 열매
제11과 성령과 동행하는 삶
제12과 성령과 교회성장

2〉 모범의 삶
–차원 높은 신앙생활

1 설교의 삶
설교를 삶에 적용하며 삶을 나누는 차원 높은 신앙생활

2 성경의 삶
성경을 중심으로 삶에 적용하며 삶을 나누는 차원 높은 신앙생활

3 독서의 삶
영적 모범 서적을 삶에 적용하며 삶을 나누는 차원 높은 신앙생활

다음은 "제자의 삶" 여섯 과정 중에 한 권이다. 성도용과 인도자용으로 나누어져 있는데 인도자용이다. 2-6권 성령의 삶을 참고용으로 실었다.

예시

성령의 삶

(인도자용)

성령과 함께하는 승리의 삶

1. 성령의 사람
2. 성령 충만의 중요성
3. 성령은 인격
4. 성령의 상징
5. 성령의 구원 사역
6. 성령의 교회 사역
7. 성령 충만한 삶
8. 성령의 은사
9. 성령의 은사 활용
10. 성령의 열매
11. 성령과 동행하는 삶
12. 성령과 교회성장

제자의 삶 연구원

1. 제자의 삶 모임
전형적인 순서

1 간식이나 애찬

2 친교 : 3분 ⇨ 친교부장

3 찬양 : 10-15분 ⇨ 찬양부장

4 제자의 삶 : 40-50분 ⇨ 인도자

5 삶 나눔 : 30-40분 ⇨ 인도자

6 중보기도 : 10-20분 ⇨ 기도부장

7 간단한 찬양 한 곡 ⇨ 찬양부장

8 광고 ⇨ 총무 혹은 광고부장

9 주기도로 마침

2. 제자의 삶 모임

인도자 지침

1. 모임 전체 시간을 인도자가 적당히 지혜롭게 잘 조절해야 한다. 질문과 답에 미리 전체 시간을 조절하고 삶 나눔 시간을 잘 조절하여 두 시간이 넘지 않도록 한다.

2. 가능한 한 인도자 교안 그대로 인도한다. 제자의 삶은 성경공부나 연구가 아니라 신앙생활에 꼭 필요한 부분을 짚고 넘어가는 수준이기에 깊이 연구하는 과정이 아니라는 것을 기억해야 한다.

3. 질문을 통해서 한 번 생각하여 관심을 가지게 하고 한두 명 혹은 두세 명의 대답을 통해서 공감하도록 하고 서로의 생각과 대답을 통해서 스스로 결심하고 삶에 적용하여 제자의 삶을 살게 하는 것이다.

4. 인도자는 아래의 설명한 답을 잘 설명해 주어서 질문에 대한 옳은 답을 제시해 준다.

5. 인도자는 교재에 있는 내용 외에는 질문이나 대답을 자제하여 교재에 한정하여 인도하도록 한다. 교재에 있는 답 외에 대한 질문은 잘 모른다거나 목사님께 물어서 대답해 주겠다고 한다.

6. 질문할 때 잘 이해가 되지 않는다 싶으면 다른 방식으로 설명해서 질문을 충분히 이해하게 한다.

7. 한두 명 혹은 몇 명이 이야기할 때 말을 잘하는 사람이 계속해서 대답하는 것을 자제하도록 유도한다.

말을 잘 안 하려고 하는 사람은 아주 쉬운 질문에 지정해서 단답이라도 말하게 한다. 참여한 전체 인원이 한 마디 이상은 자기 표현을 하도록 유도한다.

8. 제자의 삶 모임은 인도자나 회원들의 형편에 따라서 언제 어디서나 자유롭게 모일 수 있다.

9. 제자의 삶 모임에 시간을 많이 보냈다면 삶 나눔은 중요한 일이 있는 한두 명이나 몇 명만 나누고 기도하고 마칠 수 있다.

10. 제자의 삶 마무리는 인도자가 중요한 것을 요약 설명하고, 자신의 깨달음이나 결심을 이야기하고 다른 이들의 좋은 말을 인용하여 마무리하고 삶 나눔을 진행한다.

3. 삶 나눔
인도자 지침

성도간의 진정한 깊은 교제가 있어야 한다. '제자의 삶'을 공부하고 이어서 지난 한 주간의 '삶 나눔'을 가짐으로 성도의 진정한 깊은 교제를 나누게 된다. 이것은 여러 가지 장점이 있는데 현대 교회에 나타나는 여러 문제들이 해결되고 상담이나 심방 모든 방면의 문제들이 해결될 수 있다. 삶 나눔을 통해서 성도의 진정한 친밀한 교제를 이룰 수 있다. 3개월 12주 동안 모여 제자의 삶을 배우고 삶 나눔을 통해서 영적인 현실 문제들에 대한 위로를 얻고 기도로 문제가 해결되고 치유가 일어나는 역사를 경험하게 될 것이다.

1. 삶을 나누는 것에 중점을 두되 사건보다 자기가 느낀 감정을 표현하게 한다. 사건만 이야기하면 치유의 의미가 약해진다. 자기 감정을 쏟아낼 때 치유의 결실을 얻게 되기 때문이다.

2. 성도가 문제를 안고 있는 것이 발견되면 집중하여 들어 주고 기도해 주고 계속적인 관심과 사랑으로 그 문제 해결에 중점을 둔다. 모임 이후에도 서로가 어떻게 도울 것인가를 생각하고 효과적이고 실제적으로 도와준다.

3. 삶을 나눌 때는 분명한 주제를 준다. "지난 주간에 감사한 일을 한 가지씩 나누겠습니다" 하고 '감사한 일'을 주제로 삼을 때에 이야기가 세상적으로 흘러가는 것을 막는다. 감사한 일을 나눌 때에 새 신자도, 믿는 사람도 할 말이 생긴다. 감사의 대화를 나눌 때에 개인적인 속 깊은 이야기가 나오기 쉽다. 감사거리를 찾는 습관이 몸에 배면서 감사하는 삶을 살게 된다.

4. '삶 나눔' 인도자는 내적 치유를 위하여 자신을 적당히 노출한다. 너무 많이 노출하면 권위가 약해지고 너무 거룩하거나 경건하여 노출하지 않으면 진정한 나눔이 어려워진다. 인도자가 문제 가운데에 있을 때는 노출하지 말고 문제가 해결된 후에 말한다. 성도들 가운데에는 치유가 필요한 결손 가정 출신이 많다. 내적 치유는 문제를 말하고 들어 주는 데에서 일어난다. 가능한 한 투명하게 자신을 노출하되 그 수위를 적당히 조절한다.

5. '삶 나눔' 시간에는 간증과 질문만을 사용한다. 상식적인 대답을 하지 말고 자신의 경험이나 잘 아는 분의 경험을 말해 준다. 성경구절 인용만 하지 말고 성경구절을 붙들고 승리한 경험을 말하도록 한다. 인도자는 식구들의 말이 끝난 후에 코멘트를 달지 않는다. 이렇게 하면 인도자가 코치하는 시간이 되어 진솔한 나눔이 이루어지지 않는다.

6. '삶 나눔' 후에는 비밀을 지켜 주어야 한다. 비밀을 주고 받으면 비밀을 공유한다는 느낌이 있어서 비밀이 지켜진다. 나눔의 시간에 나누는 이야기 중에 알려지면 덕이 되지 않는다고 판단되면 "우리만 알고 기도하고 다른 사람에게 이야기하지 않도록 하자"라고 하여 비밀임을 회원들에게 수시로 주지시킨다.

7. 인간에게는 자기 표현의 욕구가 있기 때문에 '삶 나눔'은 중요하다. 이 표현 욕구가 사회생활에서는 채워지지 않는다. 자주 만나는 친척이나 동료, 상사나 이웃이나 친구에게도 솔직한 나눔은 어렵다. 그렇다고 모든 문제를 목회자에게 가져갈 수 있는 것도 아니다. 이 표현 욕구가

삶 나눔을 통해서 채워질 때에 심방이나 상담, 기도와 응답의 체험을 하며 승리하게 된다.

8. 제자의 삶과 삶 나눔 후에 마무리는 중보기도로 한다. 기도부장이 모임에서 나눈 내용을 통성기도로 인도한다.

. 제자의 삶에서 깨달음이나 버릴 것, 결심을 각자 통성으로 기도한다.
. 오늘 삶 나눔을 통해서 알게 된 몇 분의 기도제목을 통성으로 기도한다.
. 교회의 가장 중요한 일들을 위해서, 전도와 부흥, 목회 사역을 위해서 통성으로 기도한다.
. 기타 중요한 일들이 있다면 제목을 주고 함께 통성으로 기도한다.

9. 모일 때마다 반드시 기도 응답 여부를 점검한다. 기도 응답을 통해서 하나님의 살아 계심을 경험한다. 현대인들은 하나님을 체험하지 않으면 믿으려 하지 않는다. 구체적인 기도 응답을 받았을 때에 하나님의 존재를 진지하게 생각한다.

**표는 성도용에는 없는, 인도자가 참고하고 설명할 내용을 의미한다.

제1과

성령의 사람

*** 간식이나 애찬

*** 친교 3분 ⇨ 친교부장

*** 찬양 10-15분 ⇨ 찬양부장

*** 제자의 삶 나눔 30-40분 ⇨ 인도자

*** 각자 간단히 자신의 소개를 해 봅시다. 이름, 직업, 취미, 신앙 경력 등 3분 이내로

1. 성령에 대하여 예수님께서는 뭐라고 말씀하시나요?

요 14:16-17 "내가 아버지께 구하겠으니 그가 또 다른 보혜사를 너희에게
주사 영원토록 너희와 함께 있게 하리니 17그는 진리의 영이라 세상은 능히
그를 받지 못하나니 이는 그를 보지도 못하고 알지도 못함이라 그러나 너희
는 그를 아나니 그는 너희와 함께 거하심이요 또 너희 속에 계시겠음이라"

** 두세 명의 이야기를 듣는다.

** 보혜사는 돕는 자, 격려자, 변호자란 뜻. 진리의 영은 진리로 인도하는 영이란 뜻이다.

** 예수 믿는 자가 성령을 모시고 산다는 그 자체가 얼마나 엄청난 의미를 가진 것인지 대부분 심각하게 생각하지 않는다.

** 예수 믿는 자가 세상 사람과 같지 않은 이유가 무엇인가?

** 한두 명의 이야기를 듣는다.

** 성령이 우리와 함께 거하시고 우리 속에 계시다는 말은 성령을 인격적으로 모시고 있다는 말이다.

2. 우리 속에 하나님이신 성령님이 거하신다는데 어떤 느낌이 드나요?

** 두세 명의 이야기를 듣는다.

** "영원토록", "너희와 함께", "너희 속에 거하심"이란 표현은 성령과 성도의 끊을 수 없는 밀접한 관계를 표현하고 있다.

불신자는 하나님을 모시고 있지 않다. 대신 예수를 믿는 자는 하나님을 모시고 있다. 당신은 이 두 가지 경우 사이에 인격적으로나 생활 면에서 어느 정도로 차이가 있어야 정상이라고 생각하는가?

** 두세 명의 이야기를 듣는다.

3. 당신은 평소에 성령과 함께 사는 관계를 가지고 살고 있는가? 있다면 어떤 때에 성령의 도우심을 받고 있다는 것을 경험하고

있는지 이야기해 봅시다.

* 두세 명의 이야기를 듣는다.

4. 우리 자신을 하나님의 성전이라고 하는데 왜 그런가요?

고전 3:16-17 "너희는 너희가 하나님의 성전인 것과 하나님의 성령이 너희 안에 계시는 것을 알지 못하느냐 [17]누구든지 하나님의 성전을 더럽히면 하나님이 그 사람을 멸하시리라 하나님의 성전은 거룩하니 너희도 그러하니라"

** 한두 명의 이야기를 듣는다.
** 성령은 하나님이시다. 그가 우리 안에 계시면 당연히 우리 몸은 거룩한 성전이 될 수밖에 없다.
** 이 사실을 어떻게 받아들이고 있는지 각자 생각을 이야기해 보자.
** 한두 명의 이야기를 듣는다.

5. 성령을 소멸하지 말라고 했는데 불을 끄듯이 꺼버린다는 의미이다. 우리가 생활 속에서 성령을 소멸하는 일은 어떤 경우인가?

살전 5:19 "성령을 소멸하지 말며"

** 서너 명의 이야기를 듣는다.

** 성령의 소욕이나 뜻을 알면서 일부러 무시해 버리는 것을 말한다. 불순종은 여기에 속한다.

** 성령을 모시고 사는 사람이 성령의 원함을 모르고 거역하는 일은 거의 없기 때문이다.

** 성령의 원함을 불순종한 구체적인 예를 들어 이야기해 보자.

** 두세 명의 이야기를 듣는다.

6. 인도자가 오늘 내용을 총정리합니다.

** 삶 나눔 30-40분 ⇨ 인도자

① "지난 주간에 있었던 감사한 일을 한 가지씩 나누겠습니다."
진지하게 들어주고 칭찬과 격려를 아끼지 않는다.

② "지난 주간에 있었던 삶을 나누겠습니다." 어려운 일이나 힘든 일도 함께 나눈다.
진지하게 들어주고 공감해 주는 것을 잊지 말아야 한다.
힘든 일이나 어려운 일은 위로해 주고, 함께 기도해 주는 것도 잊어서는 안 된다.

*** 기도 10-20분 ⇨ 기도부장
제자의 삶에서 깨달음이나 버릴 것, 결심에 대해 각자 통성으로 기도

한다.
오늘 삶 나눔을 통해서 기도해야 할 몇 분의 기도제목을 통성으로 기도한다.
교회의 가장 중요한 일들을 위해서, 전도와 부흥, 목회 사역을 위해서 통성으로 기도한다.

*** 간단한 찬양 한 곡 ⇨ 찬양부장

*** 광고 ⇨ 총무 혹은 광고부장

*** 주기도문으로 마침

*** 첫 시간에 이번 회기 직책을 정한다. 다음 시간부터는 직책대로 사역한다.

인도자: 모임의 모든 것을 총괄한다. 교회에서 임명한 당연직이다.
총 무: 인도자 유고 시 인도자 역할을 한다. 인도자를 도와 모임이 원만하게 한다.
찬양부장: 모임에 찬양을 준비하여 인도한다.
기도부장: 모임을 위하여 기도하고 모임 시간의 기도를 인도한다. 삶 나눔 후 기도시간에 함께 통성기도를 인도한다.
- 제자의 삶에서 깨달음이나 버릴 것, 결심에 대해 각자 통성으로 기도

한다.

- 오늘 삶 나눔을 통해서 기도해야 할 몇 분의 기도제목을 통성으로 기도한다.
- 교회의 가장 중요한 일들을 위해서, 전도와 부흥, 목회 사역을 위해서 통성으로 기도한다.

심방부장: 모임에 결석한 사람을 연락하고 심방하여 낙오하는 사람이 없게 한다.

친교부장: 모임 첫 시작 시간 2-3분간 유머나 게임을 통해 안정된 분위기를 만들고 전체 친교를 담당한다. 12주 마친 후에도 역할을 한다.

행정부장: 모임 보고서를 작성하여 보고하고 과제물이나 기타 필요한 것을 준비한다.

재정부장: 모임의 필요에 따라 회비나 간식 등을 준비하고 주관한다.

광고부장: 광고를 정리하여 간단하고 깔끔하게 한다. 총무나 인도자가 할 수도 있다.

* 그 외 필요하다고 생각되는 직책을 정하여 맡긴다. 가능하면 모든 회원이 직책을 가지면 좋다.
* 간식이나 식사의 규모와 돌아가며 준비할 것인지, 회비를 내어 준비할 것인지를 의논한다.
* 모임장소도 각자의 가정에서 돌아가며 할 것인지, 어디에서 어떻게 모일 것인지를 의논한다.

제2과

성령 충만의 중요성

*** 간식이나 애찬

*** 친교 3분 ⇨ 친교부장

*** 찬양 10-15분 ⇨ 찬양부장

*** 제자의 삶 나눔 30-40분 ⇨ 인도자

1. 사도 바울이 에베소 교인들에게 한 개인적인 생활에 대한 결론적인 권면입니다. 지혜 있는 자가 되라고 하는데, 지혜 있는 자의 두 가지 특징은 무엇인지 이야기해 봅시다.

엡 5:15-21 "그런즉 너희가 어떻게 행할지를 자세히 주의하여 지혜 없는 자
같이 하지 말고 오직 지혜 있는 자같이 하여 16세월을 아끼라 때가 악하니라
17그러므로 어리석은 자가 되지 말고 오직 주의 뜻이 무엇인가 이해하라 18술
취하지 말라 이는 방탕한 것이니 오직 성령으로 충만함을 받으라 19시와 찬
송과 신령한 노래들로 서로 화답하며 너희의 마음으로 주께 노래하며 찬송
하며 20범사에 우리 주 예수 그리스도의 이름으로 항상 아버지 하나님께 감
사하며 21그리스도를 경외함으로 피차 복종하라"

※ 두세 명의 이야기를 듣는다.

※ "세월을 아끼라" : 시대가 질적으로 악하기에 악을 좇아가지 말고 모든 기회를 이용하여 선을 행해야 하는 것이다.

※ "주의 뜻을 이해하라" : 주의 뜻을 잘 분별하고 빛의 열매를 맺어야 함을 뜻한다.

2. 위의 성경에서 우리를 향하신 하나님의 뜻은 무엇인가를 이야기해 봅시다.

※ 두세 명의 이야기를 듣는다.

※ 술 취하지 말고 성령의 충만을 받는 것이다.

※ 지혜로운 자로서 절제되고 경건한 삶을 살아야 한다.

※ "성령 충만"은 그리스도인이 능력 있는 삶을 살아갈 수 있도록 하는 것이다.

※ 성령의 내주나 인 침은 일회적인 사건이지만 "성령 충만"은 구원받고 난 후에도 계속적으로 일어나야 하는 것이다.

※ 술 취한 사람이 술의 힘에 자신을 내맡기고 행동하듯이 성령 충만한 사람은 성령의 힘을 의지하여 행한다.

※ 성령 충만은 호소나 부탁이 아니라 주님의 명령이다.

※ 과거나 미래가 아닌, 지금 성령으로 충만한 것이 중요하다.

3. 성령 충만의 결과로 우리는 어떠한 삶을 살게 되는지 이야기해 봅시다.

** 두세 명의 이야기를 듣는다.
** 찬미와 더불어 감사의 열매로 나타난다.
** 어느 공동체든지 서로 자기가 잘났다고 하는 사람들 때문에 분열된다.
** 하나님께 대한 순종은 물론이고 서로의 의견을 존중하며 결정 사항이 있으면 복종해야 함을 권면한다.

4. 성령의 가장 큰 증거는 하나님의 존재에 대한 확신이요, 하나님을 만나서 얻은 구원의 확신입니다. 아래 성경은 무엇을 말하고 있는지 이야기해 봅시다.

고전 12:3 "그러므로 내가 너희에게 알리노니 하나님의 영으로 말하는 자는 누구든지 예수를 저주할 자라 하지 아니하고 또 성령으로 아니하고는 누구든지 예수를 주시라 할 수 없느니라"

** 두세 명의 이야기를 듣는다.
** 성령을 만나지 못한 사람은 하나님을 알지 못한다.
** 하나님을 알게 하는 이는 오직 성령님이시다.
** 아무리 학식이 많고 신비로운 체험이 있다 할지라도 성령의 깨단

게 하시는 역사가 없이는 하나님을 알 수 없다.

※ 성령 충만의 가장 큰 증거는 방언이나 신비로운 현상이 아니라 하나님의 존재와 사역에 대한 확신이요, 하나님을 만나 얻은 구원의 확신이다.

5. 말씀을 온전히 이해하고 적용하게 되는 것은 무엇 때문이며 어떻게 되는 것인지를 이야기해 봅시다.

고전 2:12-13 "우리가 세상의 영을 받지 아니하고 오직 하나님으로부터 온 영을 받았으니 이는 우리로 하여금 하나님께서 우리에게 은혜로 주신 것들을 알게 하려 하심이라 [13]우리가 이것을 말하거니와 사람의 지혜가 가르친 말로 아니하고 오직 성령께서 가르치신 것으로 하니 영적인 일은 영적인 것으로 분별하느니라"

※ 두세 명의 이야기를 듣는다.

※ 올바른 신앙은 하나님의 말씀에 근거한 신앙이다.

※ 성경의 내용을 가장 잘 알려 주시고 깨닫게 해 주시는 분은 성경의 저자이신 성령님이시다.

※ 성령님은 성경의 내용을 확실하게 깨달을 수 있는 통찰력도 주시고 실천할 수 있는 실천 능력도 주신다.

6. 성령께서 구체적으로 성도들을 도우십니다. 어떻게 도우시는지 이야기해 봅시다.

롬 8:26-27 "이와 같이 성령도 우리의 연약함을 도우시나니 우리는 마땅히 기도할 바를 알지 못하나 오직 성령이 말할 수 없는 탄식으로 우리를 위하여 친히 간구하시느니라 [27]마음을 살피시는 이가 성령의 생각을 아시나니 이는 성령이 하나님의 뜻대로 성도를 위하여 간구하심이니라"

** 두세 명의 이야기를 듣는다.
** 성령님의 도우심이 없이는 성장하는 신앙생활을 도모할 수 없다.
** 예수님의 제자들도 오순절 성령체험을 한 이후에야 권능을 받아 복음을 전하게 되었다.
** 성령님은 우리의 기도생활을 도와주시고 복음 전도를 성공적으로 이끌어 주신다.

7. 인도자가 오늘 내용을 총정리합니다.

*** 삶 나눔 30-40분 ⇨ 인도자

① "지난 주간에 있었던 감사한 일을 한 가지씩 나누겠습니다."
진지하게 들어 주고 칭찬과 격려를 아끼지 않는다.

② "지난 주간에 있었던 삶을 나누겠습니다." 어려운 일이나 힘든 일도 함께 나눈다.

진지하게 들어주고 공감해 주는 것을 잊지 말아야 한다.

힘든 일이나 어려운 일은 위로해 주고, 함께 기도해 주는 것도 잊어서는 안 된다.

*** 기도 10-20분 ⇨ 기도부장

제자의 삶에서 깨달음이나 버릴 것, 결심을 각자 통성으로 기도한다.

오늘 삶 나눔을 통해서 기도해야 할 몇 분의 기도제목을 통성으로 기도한다.

교회의 가장 중요한 일들을 위해서, 전도와 부흥, 목회 사역을 위해서 통성으로 기도한다.

*** 간단한 찬양 한 곡 ⇨ 찬양부장

*** 광고 ⇨ 총무 혹은 광고부장

*** 주기도문으로 마침

제3과

성령은 인격

*** 간식이나 애찬

*** 친교 3분 ⇨ 친교부장

*** 찬양 10-15분 ⇨ 찬양부장

*** 제자의 삶 나눔 30-40분 ⇨ 인도자

1. 성령을 무엇이라고 정의하고 있으며 어떤 일을 하시는지 이야기 해 봅시다.

롬 8:9 "만일 너희 속에 하나님의 영이 거하시면 너희가 육신에 있지 아니하고 영에 있나니 누구든지 그리스도의 영이 없으면 그리스도의 사람이 아니라"

엡 4:30 "하나님의 성령을 근심하게 하지 말라 그 안에서 너희가 구원의 날까지 인 치심을 받았느니라"

행 2:33 "하나님이 오른손으로 예수를 높이시매 그가 약속하신 성령을 아버지께 받아서 너희가 보고 듣는 이것을 부어 주셨느니라"

※ 서너 명의 이야기를 듣는다.

※ 하나님의 성령이라고 불리는 이유는 하나님의 보내심을 받았기 때문이다.

※ 하나님은 성령님을 통해서 자신의 역사를 이루시기에 성령님은 바로 하나님이시다.

※ 베드로가 아나니아에게 "성령을 속이고 땅 값 얼마를 감추었느냐?……사람에게 거짓말한 것이 아니요 하나님께로다"라고 한 것은 성령님이 하나님이심을 증거한 것이다.

※ 성령 하나님은 성부와 성자 하나님과 동등하신 분이시다.

※ 성령께서는 예수님의 십자가의 죽으심과 부활을 가르치시고 깨닫게 하시고 하나님을 체험하게 하시는 일을 하신다.

※ "하나님의 성령을 근심하게 하지 말라" : 성령은 인격이심을 말씀하고 있다.

2. 인격이신 성령님은 구체적으로 어떤 일을 하시는지 이야기해 봅시다.

롬 8:26 "이와 같이 성령도 우리의 연약함을 도우시나니 우리는 마땅히 기도할 바를 알지 못하나 오직 성령이 말할 수 없는 탄식으로 우리를 위하여 친히 간구하시느니라"

요 14:26 “보혜사 곧 아버지께서 내 이름으로 보내실 성령 그가 너희에게 모든 것을 가르치고 내가 너희에게 말한 모든 것을 생각나게 하리라”

고전 2:10 “오직 하나님이 성령으로 이것을 우리에게 보이셨으니 성령은 모든 것 곧 하나님의 깊은 것까지도 통달하시느니라”

*** 서너 명의 이야기를 듣는다.
*** 항상 우리 곁에 계셔서 우리를 도와주신다.
*** 성령님은 우리로 하여금 기도하도록 역사하실 뿐만 아니라 우리를 위해 친히 중보기도를 하고 계신다.
*** 우리가 봉사하거나 전도할 때 능력의 영으로서 우리를 도우신다.

*** 우리가 하나님의 진리를 찾을 수 있도록 영향력을 행사하신다.
*** 우리를 모든 진리 가운데로 인도하시고 마땅히 알아야 할 일을 가르치신다.
*** 모든 것을 가르치시고 모든 것 생각나게 하시는 우리의 최고의 교사이시다.
*** 말씀을 들을 때 은혜 받게 하시고 기도할 때 올바로 기도할 수 있도록 도우신다.
*** 크고 작은 모든 삶의 영역에서 보이지 않게 우리를 도우시는 성령님을 깨닫고 체험하는 것이 필요하다.

이 사실을 깨닫고 어떤 생각이 드는가?

** 몇 명의 이야기를 듣는다.

3. 성령님은 우리의 모든 슬픔과 고통을 위로해 주시는데 초대교회를 어떻게 위로해 주셨는지 이야기해 봅시다.

** 두세 명의 이야기를 듣는다.

** 성령님은 인간이 위로하지 못하는 인간의 슬픔과 고통을 위로해 주신다.

** 초대 교회는 많은 핍박과 고난을 받았으나 성령의 위로로 진행하여 교회가 성장했다.

** 성령의 위로가 있는 교회가 부흥하고 성장한다.

** 성령의 위로가 있는 성도가 낙심하지 않고 승리한다. 억울한 일을 당하거나 문제가 있어도 성령님은 우리에게 다가와 위로해 주실 것이다.

* 이 사실을 깨닫고 어떤 생각이 드는가?

** 몇 명의 이야기를 듣는다.

4. 성령님은 하나님 앞에서 우리의 대언자가 되셔서 어떻게 해 주시는지 이야기해 봅시다.

요일 2:1 "나의 자녀들아 내가 이것을 너희에게 씀은 너희로 죄를 범하지 않게 하려 함이라 만일 누가 죄를 범하여도 아버지 앞에서 우리에게 대언자가 있으니 곧 의로우신 예수 그리스도시라"

** 두세 명의 이야기를 듣는다.
** 우리가 혹시 죄를 범하더라도 변호해 주신다.
** 성령님은 예수님과 함께 하나님 아버지 앞에서 성도를 대신하여 말씀하시는 분이시다.
** 우리가 빌 바를 알지 못할 때도 대신해서 간구해 주신다(롬 8:26).
** 우리가 기도할 때 두 신적 인격이신 예수님과 성령님이 우리를 위해 대신 간구하시고 중보하고 계심을 확신해야 한다.

이 사실을 깨닫고 어떤 생각이 드는가?
** 몇 명의 이야기를 듣는다.

5. 성령님은 우리의 범사를 인도하시고 상담해 주시는 상담자이시다. 어떻게 해 주신다는 것인지 이야기해 봅시다.

요 16:13 "그러나 진리의 성령이 오시면 그가 너희를 모든 진리 가운데로 인도하시리니 그가 스스로 말하지 않고 오직 들은 것을 말하며 장래 일을 너희에게 알리시리라"

** 두세 명의 이야기를 듣는다.

** 성령님은 우리가 어디로 가야 할지, 어떻게 해야 할지 인도해 주시고 상담해 주신다.

** 예수님은 성령으로 철저하게 우리를 진리 가운데로 인도하실 것을 약속하신다.

** 우리를 인도하시고 상담하시되 특히 장래 일까지 알게 하신다고 하신다.

** 미래를 안다는 것은 우리에게 꿈과 환상과 비전을 주신다는 것이다.

** 성령 충만한 사람일수록 현재의 부족함에 불평하거나 불만족해 하지 않고 미래의 비전을 가지고 감사하며 사는 것이 특징이다.

** 성령님은 우리의 돕는 자가 되시고, 교사가 되시고, 위로자, 변호자, 상담자가 되신다.

이 사실을 깨닫고 어떤 생각이 드는가?

** 몇 명의 이야기를 듣는다.

6. 성령 하나님을 모르는 사람은 하나님을 전혀 알 수 없다. 성령은 하나님이요 인격이시다. 그래서 더욱 구체적으로 우리와 함께하시고 우리의 실제적인 도움이 되신다. 오늘 깨달은 사실을 이야기해 봅시다.

7. 인도자가 오늘 내용을 총정리합니다.

*** 삶 나눔 30-40분 ⇨ 인도자

① "지난 주간에 있었던 감사한 일을 한 가지씩 나누겠습니다."
진지하게 들어주고 칭찬과 격려를 아끼지 않는다.
② "지난 주간에 있었던 삶을 나누겠습니다" 어려운 일이나 힘든 일도 함께 나눈다.
진지하게 들어주고 공감해 주는 것을 잊지 말아야 한다.
힘든 일이나 어려운 일은 위로해 주고, 함께 기도해 주는 것도 잊어서는 안 된다.

*** 기도 10-20분 ⇨ 기도부장
제자의 삶에서 깨달음이나 버릴 것, 결심을 각자 통성으로 기도한다.
오늘 삶 나눔을 통해서 기도해야 할 몇 분의 기도제목을 통성으로 기도한다.
교회의 가장 중요한 일들을 위해서, 전도와 부흥, 목회 사역을 위해서 통성으로 기도한다.

*** 간단한 찬양 한 곡 ⇨ 찬양부장
*** 광고 ⇨ 총무 혹은 광고부장
*** 주기도문으로 마침

제4과

성령의 상징

*** 간식이나 애찬

*** 친교 3분 ⇨ 친교부장

*** 찬양 10-15분 ⇨ 찬양부장

*** 제자의 삶 나눔 30-40분 ⇨ 인도자

1. 진리와 생명의 영이신 성령님은 어떤 일을 하시는지 이야기해 봅시다.

요 16:13 "그러나 진리의 성령이 오시면 그가 너희를 모든 진리 가운데로 인도하시리니 그가 스스로 말하지 않고 오직 들은 것을 말하며 장래 일을 너희에게 알리시리라"

롬 8:2 "이는 그리스도 예수 안에 있는 생명의 성령의 법이 죄와 사망의 법에서 너를 해방하였음이라"

** 두세 명의 이야기를 듣는다.

** 성령님은 구원받은 성도들을 진리로 인도하시며 하나님의 생명

을 부어 주신다.

※ 인간이 구원받기 위해서는 먼저 성령께서 인간의 마음에 강력하게 역사하셔야 한다.

2. 성령이라는 영적인 존재를 여러 상징으로 표현하고 있는데 한 구절씩 읽으면서 무슨 의미가 있는지 이야기해 봅시다.

행 2:3 "마치 불의 혀처럼 갈라지는 것들이 그들에게 보여 각 사람 위에 하나씩 임하여 있더니"

요 3:8 "바람이 임의로 불매 네가 그 소리는 들어도 어디서 와서 어디로 가는지 알지 못하나니 성령으로 난 사람도 다 그러하니라"

요 4:13-14 "예수께서 대답하여 이르시되 이 물을 마시는 자마다 다시 목마르려니와 [14]내가 주는 물을 마시는 자는 영원히 목마르지 아니하리니 내가 주는 물은 그 속에서 영생하도록 솟아나는 샘물이 되리라"

※ 한 구절씩 한두 명의 이야기를 듣는다.

※ 하나님의 영의 불은 성도를 정화시킨다. 심판의 불은 불신자를 파멸시킨다.

※ 불은 우리의 죄악을 소멸하여 정결한 그릇이 되게 한다(히 12:29).

** 불은 심령을 뜨겁게 변화시키며 신앙의 열심을 갖게 한다(행 2:42).

** 바람은 어느 곳에나 자유롭게 편만히 존재한다(요 3:8).
** 바람은 생명과 생기를 가져다 주며 주변을 정화시킨다.
** 바람 자체는 보이지 않으나 현상과 결과는 알 수 있듯이 성령의 열매를 통해 볼 수 있다.

** 물은 갈증을 해소하고 생명력을 유지시켜 준다.
** 물은 우리를 깨끗하고 정결하게 한다.
** 우리 속에 계신 성령님은 영원토록 우리의 영적 갈증을 채워 주신다(요 4:10-15).

3. 성령이라는 영적인 존재를 여러 상징으로 표현하고 있는데 한 구절씩 읽으면서 무슨 의미가 있는지 이야기해 봅시다.

요일 2:20 "너희는 거룩하신 자에게서 기름 부음을 받고 모든 것을 아느니라"

엡 1:13 "그 안에서 너희도 진리의 말씀 곧 너희의 구원의 복음을 듣고 그 안에서 또한 믿어 약속의 성령으로 인치심을 받았으니"

호 6:3 "그러므로 우리가 여호와를 알자 힘써 여호와를 알자 그의 나타나심은 새벽 빛같이 어김없나니 비와 같이, 땅을 적시는 늦은 비와 같이 우리에게 임하시리라 하니라"

막 1:10 "곧 물에서 올라오실새 하늘이 갈라짐과 성령이 비둘기같이 자기에게 내려오심을 보시더니"

** 한 구절씩 한두 명의 이야기를 듣는다.

** 기름부음 받은 처소나 인물을 거룩하게 구별시켜 준다(삼상 16:13).

** 기름으로 주위가 밝아지게 된다(마 25:3-4).

** 그리스도는 "기름부음 받은 자"란 의미가 있다. 왕, 선지자, 대제사장 임명식 때 행했다.

** "인"은 도장이다. 인 쳤다는 말은 도장을 찍었다는 말이다. 자기 소유를 밝힐 때 쓴다.

** 인 치심은 구원에 대한 확증이며 권위 있는 보증이 된다(고후 1:21-22).

** 비는 모든 만물에 생명력을 공급하여 열매를 맺게 한다. 비는 생명을 상징한다.

** 비둘기로 상징되는 성령님은 평화, 온유와 겸손, 정결 등을 뜻한다.

** 성령을 단지 어떤 영향력으로 생각한다면, 여러분은 더 많이 가지고 싶어 할 것이다. 하지만 성령을 인격체로 생각한다면, 여러분은 그분이 여러분을 더 많이 가지시기를 바랄 것이다.

4. 성령님에 대한 명칭과 상징을 신앙생활에 적용해 보면 아래와 같이 정의할 수 있다. 의미가 무엇인지 이야기해 봅시다.

1) 영적인 면:

"여호와의 신"
** 성령의 본질을 밝혀 주는 명칭이며 그가 누구인지를 묘사해 주고 있다.
"여호와를 경외하는 신"
** 예배의 영이신 성령은 사람들이 하나님께 가까이 나아갈 수 있도록 역사하신다.

2) 정신적인 면:

"지식의 신"
** 성령은 삼위일체 하나님에 대해 알고 계신다.
"지혜의 신"
** 사물을 꿰뚫어 보는 통찰력의 영인데 그 사람들과 그 동기를 분

별하실 수 있다.

"총명의 신"

** 외적 나타남이 없어도 선악을 구별하고 진짜와 모조품을 구별하실 수 있다.

3) 생활적인 면:

"모략의 신"

** 사실과 견주어 가장 옳은 결론에 도달하는 능력을 가진 영으로 성령은 올바른 결정을 내릴 수 있다.

"재능의 신"

** 하나님의 뜻을 행하는 용기와 실제적인 힘을 가진 영으로 성령은 그의 결정과 목적을 수행할 수 있다.

위의 여러 면의 삶에서 실제적으로 어떻게 도움을 받으며 적용하며 살 것인지 이야기해 봅시다.

** 몇 명 혹은 상황에 따라 전부의 이야기를 듣는다.

5. 인도자가 오늘 내용을 총정리합니다.

*** 삶 나눔 30-40분 ⇨ 인도자

① “지난 주간에 있었던 감사한 일을 한 가지씩 나누겠습니다.”

진지하게 들어 주고 칭찬과 격려를 아끼지 않는다.

② “지난 주간에 있었던 삶을 나누겠습니다.” 어려운 일이나 힘든 일도 함께 나눈다.

진지하게 들어 주고 공감해 주는 것을 잊지 말아야 한다.

힘든 일이나 어려운 일은 위로해 주고, 함께 기도해 주는 것도 잊어서는 안 된다.

*** 기도 10-20분 ⇨ 기도부장

제자의 삶에서 깨달음이나 버릴 것, 결심을 각자 통성으로 기도한다.

오늘 삶 나눔을 통해서 기도해야 할 몇 분의 기도제목을 통성으로 기도한다.

교회의 가장 중요한 일들을 위해서, 전도와 부흥, 목회 사역을 위해서 통성으로 기도한다.

*** 간단한 찬양 한 곡 ⇨ 찬양부장

*** 광고 ⇨ 총무 혹은 광고부장

*** 주기도문으로 마침

제5과

성령의 구원 사역

*** 간식이나 애찬

*** 친교 3분 ⇨ 친교부장

*** 찬양 10-15분 ⇨ 찬양부장

*** 제자의 삶 나눔 30-40분 ⇨ 인도자

1. 불신자는 영적으로 하나님의 생명과 단절되어 하나님에 대해서 전혀 알지 못하며 복음을 들어도 깨닫지 못합니다. 그런데 성령님은 구원과 영생을 주시는데 어떻게 주시는지 이야기해 봅시다.

딛 3:5 "우리를 구원하시되 우리가 행한 바 의로운 행위로 말미암지 아니하고 오직 그의 긍휼하심을 따라 중생의 씻음과 성령의 새롭게 하심으로 하셨나니"

막 10:27 "예수께서 그들을 보시며 이르시되 사람으로는 할 수 없으되 하나님으로는 그렇지 아니하니 하나님으로서는 다 하실 수 있느니라"

** 서너 명의 이야기를 듣는다.

** "사람으로는 할 수 없으되……하나님으로서는 다 하실 수 있다"라고 했다.

** 예수 그리스도의 구원과 은총은 인간의 이성과 지혜가 아닌, 성령의 초자연적인 역사로 이해할 수 있다.

** 예수님께서 제시하신 구원의 원칙은 믿음으로 가능하다는 것이다.

** 그러나 이 믿음조차도 하나님의 은혜로 가질 수 있다는 사실이 전제되어 있다.

** 구원은 전적으로 하나님의 뜻과 능력에 달려 있는 것이다.

** 우리는 성령께서 "나를 구원하셨다"는 사실에 감격과 감사가 있어야 한다.

2. 성령님은 하나님의 자녀임을 확증해 주시는데 어떻게 하시는지 이야기해 봅시다.

롬 8:15-16 "너희는 다시 무서워하는 종의 영을 받지 아니하고 양자의 영을 받았으므로 우리가 아빠 아버지라고 부르짖느니라 [16]성령이 친히 우리의 영과 더불어 우리가 하나님의 자녀인 것을 증언하시나니"

** 두세 명의 이야기를 듣는다.

** 구원받은 우리는 성령님의 능력으로 말미암아 새 생명을 얻어 하나님의 자녀로 태어나게 된다.

** 성령으로 거듭난 사람은 하나님을 "아바 아버지"로 부를 수 있다.

** 성령께서는 이 사실을 우리에게 확실히 증거해 주신다.

** “양자”가 되었다. 입양된 아들은 정상적인 아들과 마찬가지로 아버지의 재산을 유산으로 받는다.

* 이제 자녀 된 성도는 어린아이 같은 심정으로 기도해야 할 의무가 있음을 잊어서는 안 된다.

3. 성령님은 성도를 가르치시는데 어떻게 하시는지 이야기해 봅시다.

요 14:26 “보혜사 곧 아버지께서 내 이름으로 보내실 성령 그가 너희에게 모든 것을 가르치고 내가 너희에게 말한 모든 것을 생각나게 하리라”

** 두세 명의 이야기를 듣는다.

** 예수 이름으로 보내심을 받은 성령님은 예수님을 알고 장성한 분량에 이르기까지 가르치고 인도해 주신다.

** 성령님의 사역은 진리를 이해하고 적용하도록 이끄셔서 예수님이 제시한 계시를 완성하고 채우신다.

** 성령님은 우리의 스승이 되셔서 그리스도를 본받는 삶을 살도록 이끌어 주신다.

4. 성령님은 성도를 인도하시는데 어떻게 인도하시는지 이야기해 봅시다.

요 16:13 "그러나 진리의 성령이 오시면 그가 너희를 모든 진리 가운데로 인도하시리니 그가 스스로 말하지 않고 오직 들은 것을 말하며 장래 일을 너희에게 알리시리라"

** 두세 명의 이야기를 듣는다.
** 성령님은 성도들이 신앙생활을 하면서 실족하지 않도록 진리 곧 하나님의 뜻으로 인도하신다.
** 성령님은 항상 예수님이 하셨던 일을 하며 하나님께서 말씀하시는 것을 전하시기 때문이다.
** 성령님은 때때로 마음의 소원, 묵시나 꿈과 환상을 통해서 인도해 주신다.
** 성령님은 마음에 평안을 주심으로, 환경을 변화시켜 주심으로 우리를 인도하신다.

5. 성령님은 성도의 연약함을 도와주시는데 어떻게 도우시는지 이야기해 봅시다.

롬 8:26-27 "이와 같이 성령도 우리의 연약함을 도우시나니 우리는 마땅히 기도할 바를 알지 못하나 오직 성령이 말할 수 없는 탄식으로 우리를 위하여 친히 간구하시느니라 [27]마음을 살피시는 이가 성령의 생각을 아시나니 이는 성령이 하나님의 뜻대로 성도를 위하여 간구하심이니라"

** 두세 명의 이야기를 듣는다.

** 인격이신 성령님은 성도의 연약함을 충분히 이해하고 기꺼이 도와주신다.

** 너무나 연약해서 기도를 바르게 하지 못하는 때에도 친히 기도해 주신다.

** 성령님은 깊은 관심과 애착을 가지시고 우리를 위해 중보기도해 주신다.

** 우리가 성령님을 인정하고 환영하고 모셔들이고 의지할 때 우리의 올바른 신앙생활을 보장해 주신다.

** 성령님은 우리가 그리스도의 증인으로서 능력 있는 전도자가 될 수 있도록 능력과 권세를 부여해 주신다.

6. 오늘 새롭게 깨닫거나 은혜 받은 내용을 이야기해 봅시다.

** 몇 명이나 모두의 이야기를 듣는다.

7. 인도자가 오늘 내용을 총정리합니다.

*** 삶 나눔 30-40분 ⇨ 인도자

① “지난 주간에 있었던 감사한 일을 한 가지씩 나누겠습니다.”
진지하게 들어 주고 칭찬과 격려를 아끼지 않는다.

② "지난 주간에 있었던 삶을 나누겠습니다." 어려운 일이나 힘든 일도 함께 나눈다.

진지하게 들어 주고 공감해 주는 것을 잊지 말아야 한다.

힘든 일이나 어려운 일은 위로해 주고, 함께 기도해 주는 것도 잊어서는 안 된다.

*** 기도 10-20분 ⇨ 기도부장

제자의 삶에서 깨달음이나 버릴 것, 결심을 각자 통성으로 기도한다.

오늘 삶 나눔을 통해서 기도해야 할 몇 분의 기도제목을 통성으로 기도한다.

교회의 가장 중요한 일들을 위해서, 전도와 부흥, 목회 사역을 위해서 통성으로 기도한다.

*** 간단한 찬양 한 곡 ⇨ 찬양부장

*** 광고 ⇨ 총무 혹은 광고부장

*** 주기도문으로 마침

제6과

성령의 교회 사역

*** 간식이나 애찬

*** 친교 3분 ⇨ 친교부장

*** 찬양 10-15분 ⇨ 찬양부장

*** 제자의 삶 나눔 30-40분 ⇨ 인도자

1. 제자들이 성령강림을 이스라엘 나라의 회복과 관련지어 생각하자 예수님은 그들에게 어떤 말씀을 해 주셨는지 이야기해 봅시다.

행 1:7-8 "이르시되 때와 시기는 아버지께서 자기의 권한에 두셨으니 너희가 알 바 아니요 [8]오직 성령이 너희에게 임하시면 너희가 권능을 받고 예루살렘과 온 유대와 사마리아와 땅 끝까지 이르러 내 증인이 되리라 하시니라"

** 한두 명의 이야기를 듣는다.

** 하나님의 나라가 언제 임하실 것인가는 여전히 비밀이다.

** 오직 성도들은 그날이 이를 때까지 복음을 충만하게 전하는 사역을 감당해야 한다는 것이다.

2. 초대교회가 성령 충만하여 예수 그리스도의 증인이 되자 그 결과 어떠한 일들이 나타났는지 이야기해 봅시다.

행 2:47 "하나님을 찬미하며 또 온 백성에게 칭송을 받으니 주께서 구원받는 사람을 날마다 더하게 하시니라"

행 5:42 "그들이 날마다 성전에 있든지 집에 있든지 예수는 그리스도라고 가르치기와 전도하기를 그치지 아니하니라"

** 성령의 충만함을 받은 초대교회 성도들은 예수님을 증거하기 시작했고 많은 열매를 거둘 수 있었다.
** 엄청난 핍박과 수난 앞에서도 그들은 순수한 진리를 그대로 전했다.
** 교회 성장의 주체는 성령 하나님이시다.
** 성령이 먼저 주도권을 가지고 사람들을 거듭나게 하시고 성령의 권능을 받아 전도함으로 부흥하고 성장케 하셨다.

3. 성령으로 충만한 제자들은 성령님의 인도를 따라 복음을 전했는데 어떻게 했는지 이야기해 봅시다.

행 8:29 "성령이 빌립더러 이르시되 이 수레로 가까이 나아가라 하시거늘"

행 10:19 "베드로가 그 환상에 대하여 생각할 때에 성령께서 그에게 말씀하시되 두 사람이 너를 찾으니"

행 13:2 "주를 섬겨 금식할 때에 성령이 이르시되 내가 불러 시키는 일을 위하여 바나바와 사울을 따로 세우라 하시니"

** 두세 명의 이야기를 듣는다.
** 교회 역사를 보아도 성령님은 각 시대에 맞는 전략을 사용하셨다.
** 오늘도 성령님께서는 세계 곳곳에서 다양한 전략을 통해 교회를 성장시키신다.
** 이러한 전략을 분별하고 실행하는 것이 곧 교회의 책임이다.
** 사도행전은 수많은 예를 통해서 성령님이 교회성장의 전략가이심을 이야기해 준다.
** 성령님은 교회의 능력의 원천이시다.

4. 성령님은 전도자를 움직이시고 무장시키시고 전도의 열매를 위해 불신자들 속에서도 역사하심을 이야기해 봅시다.

행 11:24 "바나바는 착한 사람이요 성령과 믿음이 충만한 사람이라 이에 큰 무리가 주께 더하여지더라"

요 14:26 "보혜사 곧 아버지께서 내 이름으로 보내실 성령 그가 너희에게 모든 것을 가르치고 내가 너희에게 말한 모든 것을 생각나게 하리라"

행 11:12 “성령이 내게 명하사 아무 의심 말고 함께 가라 하시매 이 여섯 형제도 나와 함께 가서 그 사람의 집에 들어가니”

※ 두세 명의 이야기를 듣는다.

※ 성령님은 교회의 성도들을 증인으로 세워서 움직이게 하신다.

※ 성령 충만한 사람은 무엇인가 주님을 위해서 일하려고 마음에 감동을 받고 열심을 품으며, 행동으로 움직이게 된다.

※ 성령님은 증인과 일꾼이 되도록 영적으로 무장시키신다. 열심만 가지고는 한계가 있기 때문이다.

※ 성령의 은사를 받은 성도가 복음을 전하거나 봉사하면 마치 하나님의 입술과 손길처럼 쓰임받게 된다.

※ 성령님은 전도의 열매를 위해서 불신자 속에서도 역사하신다.

※ 불신자들이 복음에 대하여 저항적이지 않도록 영적 분위기를 변화시키신다.

※ 사탄의 방해를 물리치고 복음의 초청을 받아들이도록 개인적으로, 지역적으로 역사하신다.

5. 성령님은 구원받은 새 신자가 교회 안에서 양육받아 일꾼이 되어 주님의 사역에 동참하게 하시는데 어떻게 하시는지 이야기해 봅시다.

고전 12:13 "우리가 유대인이나 헬라인이나 종이나 자유인이나 다 한 성령으로 세례를 받아 한 몸이 되었고 또 다 한 성령을 마시게 하셨느니라"

살전 1:6 "또 너희는 많은 환난 가운데서 성령의 기쁨으로 말씀을 받아 우리와 주를 본받은 자가 되었으니"

** 두세 명의 이야기를 듣는다.
** 성도의 하나 됨은 오직 한 분 성령의 역사로 성취된다.
** 성령님께서는 중생한 성도들을 통하여 그리스도의 교회를 세우시고 확장시키시는 것이다.
** 성령님은 늘 영적 재생산을 계획하고 계신다.
** 성령님은 교회와 성도가 세상을 위한 복의 근원이 되기를 원하신다.
** 성령님은 우리가 제자가 될 뿐만 아니라 또 다른 제자를 양육하는 영적 스승이 되기를 원하신다.
** 새 신자를 한두 번 데리고 나오는 것이 아니라 성숙하여 충성된 전도자로 쓰임 받을 때까지 스승이 되어 주는 것이다.

6. 성령의 교회적 사역을 통해서 새롭게 깨닫거나 은혜받은 이야기를 해 봅시다.

** 몇 명 혹은 모두의 이야기를 듣는다.

7. 인도자가 오늘 내용을 총정리합니다.

*** 삶 나눔 30-40분 ⇨ 인도자

1. "지난 주간에 있었던 감사한 일을 한 가지씩 나누겠습니다."
진지하게 들어 주고 칭찬과 격려를 아끼지 않는다.

2. "지난 주간에 있었던 삶을 나누겠습니다." 어려운 일이나 힘든 일도 함께 나눈다.
진지하게 들어 주고 공감해 주는 것을 잊지 말아야 한다.
힘든 일이나 어려운 일은 위로해 주고, 함께 기도해 주는 것도 잊어서는 안 된다.

*** 기도 10-20분 ⇨ 기도부장
제자의 삶에서 깨달음이나 버릴 것, 결심을 각자 통성으로 기도한다.
오늘 삶 나눔을 통해서 기도해야 할 몇 분의 기도제목을 통성으로 기도한다.
교회의 가장 중요한 일들을 위해서, 전도와 부흥, 목회 사역을 위해서 통성으로 기도한다.

*** 간단한 찬양 한 곡 ⇨ 찬양부장
*** 광고 ⇨ 총무 혹은 광고부장
*** 주기도문으로 마침

제7과

성령 충만한 삶

*** 간식이나 애찬

*** 친교 3분 ⇨ 친교부장

*** 찬양 10-15분 ⇨ 찬양부장

*** 제자의 삶 나눔 30-40분 ⇨ 인도자

1. 누구든지 그리스도를 구주로 영접할 때, 하나님의 자녀가 되고 성령님은 우리 안에 내재하십니다. 성경은 어떻게 말씀하고 있는지 이야기해 봅시다.

요 1:12 "영접하는 자 곧 그 이름을 믿는 자들에게는 하나님의 자녀가 되는 권세를 주셨으니"

고전 12:13 "우리가 유대인이나 헬라인이나 종이나 자유인이나 다 한 성령으로 세례를 받아 한 몸이 되었고 또 다 한 성령을 마시게 하셨느니라"

** 두세 명의 이야기를 듣는다.

** 성령의 역사로만 하나님의 자녀가 될 수 있기 때문이다.

** 우리로 성령 안에서 아버지께로 가까이 나아가게 한다고 하신다 (엡 2:18).

** 성령님은 이미 우리가 예수 그리스도를 믿을 때 우리와 함께하신다는 것을 알 수 있다.

2. 구원받아 거듭난 성도들이 성령 충만함을 받으려면 어떻게 해야 할지 이야기해 봅시다.

행 1:8 "오직 성령이 너희에게 임하시면 너희가 권능을 받고 예루살렘과 온 유대와 사마리아와 땅 끝까지 이르러 내 증인이 되리라 하시니라"

엡 5:18 "술 취하지 말라 이는 방탕한 것이니 오직 성령으로 충만함을 받으라"

행 9:17 "아나니아가 떠나 그 집에 들어가서 그에게 안수하여 이르되 형제 사울아 주 곧 네가 오는 길에서 나타나셨던 예수께서 나를 보내어 너로 다시 보게 하시고 성령으로 충만하게 하신다 하니"

행 19:5-6 "그들이 듣고 주 예수의 이름으로 세례를 받으니 6바울이 그들에게 안수하매 성령이 그들에게 임하시므로 방언도 하고 예언도 하니"

** 두세 명의 이야기를 듣는다.

** 사도행전의 성령 충만한 사건들을 보면 대부분 함께 모여 기도할

때, 사도들이 안수할 때, 그리고 하나님의 말씀을 들을 때 성령 충만함이 주어졌다.

※ 그러므로 성령 충만함을 받기를 원하면 열심히 기도하고 하나님의 말씀을 사모하고 경우에 따라서는 성령 충만한 주의 종들로부터 안수를 받는 것도 좋다.

※ 성령 세례와 성령 충만은 따로 설명하기도 하지만 같은 의미로 생각하면 단순해진다.

※ 거듭남의 사건 이후에 성도의 삶에서 성령으로 충만하여 다스림을 받고 지속적으로 충만한 상태를 성령 충만이라고 한다.

※ 예수 믿는다고 하면서 성령님의 통제를 벗어나서 사는 사람들이 많다. 그 삶은 자유로워 보여도 실제로는 비극이라고 할 수 있다.

※ 성령님의 다스림을 받을 때 참 기쁨과 평안, 위로와 확신 가운데 살아갈 수 있다.

3. 성령 세례, 성령 충만의 체험은 하나님의 증인이 되는 권능의 체험입니다. 바나바를 통해서 어떤 일이 일어났는지 이야기해 봅시다.

행 11:24 "바나바는 착한 사람이요 성령과 믿음이 충만한 사람이라 이에 큰 무리가 주께 더하여지더라"

** 성령 충만은 곧 예수 그리스도로 충만한 것이다.

** 성령 충만한 이들로 인하여 그리스도의 이름이 증거되고 전파되었다.

** 성령님은 예수님을 증거하는 영이시기 때문이다.

4. 성령 충만의 내적인 증거는 구원의 확신, 기쁨과 평안, 열심과 헌신으로 나타나는데 자신에게는 어떻게 나타나고 있는지 이야기해 봅시다.

** 몇 명의 이야기를 듣는다.

5. 성령 충만의 외적인 증거들은 어떻게 나타나는지 이야기해 봅시다.

엡 5:21 "그리스도를 경외함으로 피차 복종하라"

고전 12:7-8 "각 사람에게 성령을 나타내심은 유익하게 하려 하심이라 [8]어떤 사람에게는 성령으로 말미암아 지혜의 말씀을, 어떤 사람에게는 같은 성령을 따라 지식의 말씀을."

행 4:31 "빌기를 다하매 모인 곳이 진동하더니 무리가 다 성령이 충만하여 담대히 하나님의 말씀을 전하니라"

** 두세 명의 이야기를 듣는다.

** 지체간의 사랑과 순종으로 삶의 모든 영역에서 온유와 겸손으로 나타나게 된다.

** 다양한 은사로 각자의 역할을 감당하기 위해 은사를 주신다.

** 성령님은 성도들을 한 몸으로 묶으시면서 다양한 은사들이 활발하게 나타난다.

** 성령 충만한 삶은 곧 그리스도의 증인이 되는 삶이다.

** 초대교회는 핍박의 환경 속에서도 담대하게 복음을 전할 능력을 구했고 담대하게 복음을 증거했다.

6. 오늘 공부를 통해서 새롭게 깨달은 내용이나 은혜 받은 것을 이야기해 봅시다.

* 몇 명이나 모두의 이야기를 듣는다.

7. 인도자가 오늘 내용을 총정리합니다.

*** 삶 나눔 30-40분 ⇨ 인도자

1. "지난 주간에 있었던 감사한 일을 한 가지씩 나누겠습니다."
진지하게 들어 주고 칭찬과 격려를 아끼지 않는다.

2. "지난 주간에 있었던 삶을 나누겠습니다." 어려운 일이나 힘든 일도 함께 나눈다.

진지하게 들어주고 공감해 주는 것을 잊지 말아야 한다.

힘든 일이나 어려운 일은 위로해 주고, 함께 기도해 주는 것도 잊어서는 안 된다.

*** 기도 10-20분 ⇨ 기도부장

제자의 삶에서 깨달음이나 버릴 것, 결심을 각자 통성으로 기도한다.

오늘 삶 나눔을 통해서 기도해야 할 몇 분의 기도제목을 통성으로 기도한다.

교회의 가장 중요한 일들을 위해서, 전도와 부흥, 목회 사역을 위해서 통성으로 기도한다.

*** 간단한 찬양 한 곡 ⇨ 찬양부장

*** 광고 ⇨ 총무 혹은 광고부장

*** 주기도문으로 마침

제8과

성령의 은사

*** 간식이나 애찬

*** 친교 3분 ⇨ 친교부장

*** 찬양 10-15분 ⇨ 찬양부장

*** 제자의 삶 나눔 30-40분 ⇨ 인도자

1. 다양한 은사의 근원은 하나님인데 받은 은사가 각각 다르니 이 은사들을 어떻게 사용해야 하는지 이야기해 봅시다.

롬 12:6-8 "우리에게 주신 은혜대로 받은 은사가 각각 다르니 혹 예언이면
믿음의 분수대로, [7]혹 섬기는 일이면 섬기는 일로, 혹 가르치는 자면 가르치
는 일로, [8]혹 위로하는 자면 위로하는 일로, 구제하는 자는 성실함으로, 다스
리는 자는 부지런함으로, 긍휼을 베푸는 자는 즐거움으로 할 것이니라"

고전 12:4-11 "은사는 여러 가지나 성령은 같고 [5]직분은 여러 가지나 주는 같
으며 [6]또 사역은 여러 가지나 모든 것을 모든 사람 가운데서 이루시는 하나
님은 같으니 [7]각 사람에게 성령을 나타내심은 유익하게 하려 하심이라 [8]어떤
사람에게는 성령으로 말미암아 지혜의 말씀을, 어떤 사람에게는 같은 성령을

따라 지식의 말씀을, [9]다른 사람에게는 같은 성령으로 믿음을, 어떤 사람에게
는 한 성령으로 병 고치는 은사를, [10]어떤 사람에게는 능력 행함을, 어떤 사람
에게는 예언함을, 어떤 사람에게는 영들 분별함을, 다른 사람에게는 각종 방
언 말함을, 어떤 사람에게는 방언들 통역함을 주시나니 [11]이 모든 일은 같은
한 성령이 행하사 그의 뜻대로 각 사람에게 나누어 주시는 것이니라"

** 서너 명의 이야기를 듣는다.

** "은사는 여러 가지나 성령은 같고"(4) "이 모든 일은 같은 한 성령이 행하사"(11)

** "그 뜻대로" : 은사는 사람의 뜻에 의해 주어지지 않고 하나님의 뜻에 의해 주어진다.

** 각 사람에게 알맞은 은사를 주사 균형과 통일성을 이룰 수 있게 역사하신다.

** 성령께서 성도들에게 주시는 은사는 참으로 다양하다.

** 성도 각자마다 개성이 다르며 각자에게 주시는 은사도 다양하다.

** 다양한 은사는 통일성을 가지고 있고 그 이유는 한 성령님에게서 나왔기 때문이다.

** 교회의 유익을 위해 사용하되 교회의 일치를 목적으로 해야 한다.

2. 그리스의 몸인 교회를 아름답게 세우기 위해서는 성령께서 주신 각종 은사를 어떻게 활용해야 하는지 이야기해 봅시다.

고전 14:40 "모든 것을 품위 있게 하고 질서 있게 하라"

** 한두 명의 이야기를 듣는다.

** 모든 것을 적당하게, 어울리게, 절제 속에 조화롭게 하라는 말이다.

** 개인적인 주장을 삼가고 다른 사람의 의견을 수용하여 조화와 질서를 이루라는 말이다.

3. 성령께서는 교회의 성장과 성숙을 위해서 지도자의 은사를 주십니다. 지도자의 은사를 받은 자들은 무엇을 어떻게 하는 사명이 있는지 이야기해 봅시다.

엡 4:11-12 "그가 어떤 사람은 사도로, 어떤 사람은 선지자로, 어떤 사람은 복음 전하는 자로, 어떤 사람은 목사와 교사로 삼으셨으니 [12]이는 성도를 온전하게 하여 봉사의 일을 하게 하며 그리스도의 몸을 세우려 하심이라"

** 두세 명의 이야기를 듣는다.

** 성도를 온전케 한다는 말은 준비시킨다는 의미로 양육해서 하나님의 일꾼이 되도록 도와주고 훈련시키는 임무가 있다.

** 교회 성장을 위해서 성도들에게 봉사의 일을 하게 하는 사명이 있다.

** 많은 사람을 구원하는 일, 전도하는 일에 초점이 맞추어지는 일이다.

※ 평신도가 열심히 움직이고 교회가 성장하는 일을 위해 성령은 은사를 주신다.

※ 그리스도의 몸을 세운다는 것은 건축물을 세우듯이 모든 필요한 것을 적절하게 사용하여 이루어 나간다는 의미이다.

4. 은사를 받은 성도는 신앙 자세와 생활에 변화가 일어나는데 어떻게 봉사해야 하는지 이야기해 봅시다.

벧전 4:10 "각각 은사를 받은 대로 하나님의 여러 가지 은혜를 맡은 선한 청지기같이 서로 봉사하라"

※ 두세 명의 이야기를 듣는다.

※ 은사를 사용하면 하나님에 대한 사랑이 뜨거워지고 성도들의 쓸 것을 공급하며 손님 대접하기를 즐거워하게 된다.

은사에 대한 청지기로서의 자세는?

1) 주인은 하나님이다. 2) 청지기는 주인의 대리자이다 3) 청지기는 주인의 뜻을 따라 일하는 자이다 4) 청지기는 하나님의 비밀을 맡은 자이다.

※ 각각 맡은 은사를 하나님을 위하여 잘 활용하여 다른 사람에게 유익을 끼치고 하나님 앞에 풍성한 결실을 나타낼 수 있어야 한다.

5. 은사를 사용함으로 하나님께 영광을 돌릴 수 있어야 하는데 어떻게 해야 하는 것인지 이야기해 봅시다.

벧전 4:11 "만일 누가 말하려면 하나님의 말씀을 하는 것같이 하고 누가 봉사하려면 하나님이 공급하시는 힘으로 하는 것같이 하라 이는 범사에 예수 그리스도로 말미암아 하나님이 영광을 받으시게 하려 함이니 그에게 영광과 권능이 세세에 무궁하도록 있느니라 아멘"

** 두세 명의 이야기를 듣는다.
** 은사를 사용하면서 하나님께서 공급해 주시는 힘으로 하는 것이다.
** 성령의 은사를 활용하는 것은 하나님의 뜻이고 하나님의 뜻이 이루어지는 곳에 하나님의 영광이 나타난다.
** 하나님의 일을 하는 것이 바로 하나님의 영광이다.
** 하나님께 쓰임 받는 것 자체가 하나님의 영광이 되는 것이다.

6. 성령의 은사를 공부하면서 새롭게 깨닫거나 은혜 받은 것이 있다면 이야기해 봅시다.

** 몇 사람 혹은 전부의 이야기를 듣는다.

7. 인도자가 오늘 내용을 총정리합니다.

*** 삶 나눔 30-40분 ⇨ 인도자

1. “지난 주간에 있었던 감사한 일을 한 가지씩 나누겠습니다.”
진지하게 들어 주고 칭찬과 격려를 아끼지 않는다.

2. “지난 주간에 있었던 삶을 나누겠습니다.” 어려운 일이나 힘든 일도 함께 나눈다.
진지하게 들어주고 공감해 주는 것을 잊지 말아야 한다.
힘든 일이나 어려운 일은 위로해 주고, 함께 기도해 주는 것도 잊어서는 안 된다.

*** 기도 10-20분 ⇨ 기도부장
제자의 삶에서 깨달음이나 버릴 것, 결심을 각자 통성으로 기도한다.
오늘 삶 나눔을 통해서 기도해야 할 몇 분의 기도제목을 통성으로 기도한다.
교회의 가장 중요한 일들을 위해서, 전도와 부흥, 목회 사역을 위해서 통성으로 기도한다.

*** 간단한 찬양 한 곡 ⇨ 찬양부장
*** 광고 ⇨ 총무 혹은 광고부장
*** 주기도문으로 마침

제9과

성령의 은사 활용

*** 간식이나 애찬

*** 친교 3분 ⇨ 친교부장

*** 찬양 10-15분 ⇨ 찬양부장

*** 제자의 삶 나눔 30-40분 ⇨ 인도자

1. 자신의 은사를 발견하는 것과 받은 은사를 개발하는 것은 중요한데 어떻게 발견하고 개발하면 좋을지 이야기해 봅시다.

고전 12:11 "이 모든 일은 같은 한 성령이 행하사 그의 뜻대로 각 사람에게 나누어 주시는 것이니라"

딤전 4:15 "이 모든 일에 전심 전력하여 너의 성숙함을 모든 사람에게 나타나게 하라"

딤후 1:6 "그러므로 내가 나의 안수함으로 네 속에 있는 하나님의 은사를 다시 불 일듯 하게 하기 위하여 너로 생각하게 하노니"

** 두세 명의 이야기를 듣는다.

** 은사는 전적으로 하나님의 은혜로 주시는 것이다. 발견하는 것이 우선이다.

** 어떤 은사도 처음부터 훌륭해 보이는 것은 없다. 처음에는 다 부족하고 어색하다.

** 은사에 대해 연구하고 봉사를 통해 개발하면 점점 더 세련되어지고 유능하게 발전한다.

개발하는 방법은 자연적인 재능을 개발하는 방법과 동일하다.

1) 실습 - 실제로 해 보고, 연습을 통해서 발달된다.

2) 평가 - 확인하고 재능의 정도를 알고 다른 이들의 평가도 중요하다.

3) 교육 - 은사에 따라 책, CD, 세미나 등 존경하는 분의 자문을 받는 것도 좋다.

** 영적인 것이기 때문에 모든 단계에서 기도로 인도를 받아야 한다.

** 그 은사를 적극적으로 사용해야 한다.

** 아무리 좋은 은사라도 교회의 성장을 위해서 사용하지 않으면 무용지물이 되고 만다.

** 주님을 위해서 은사를 활용하지 않으면 소멸될 수도 있다.

** 성령의 은사는 사용하면 할수록 더욱 많아지고 강해지며 자신의 것이 되는 신비로운 힘이 있다.

** 물질은 주면 줄수록 없어지지만 영적 은사는 쓰면 쓸수록 더 많

아진다.

※ 주를 위해 열심히 일할수록 하나님께서는 더욱 크게 쓰신다.

2. 은사를 발견하고 개발하고 적극적으로 사용하기 위해서는 반드시 기도해야 하는데 왜, 어떻게 기도해야 할지 이야기해 봅시다.

※ 서너 명의 이야기를 듣는다.

※ 매 순간과 단계마다 하나님의 인도를 받을 수 있도록 간절하고 정직하게 기도하라.

※ 하나님은 당신이 성령의 은사를 발견하는 것을 분명히 원하고 계시기 때문이다.

※ 기도하면 필요한 도움을 주시고 반드시 도와주실 것을 믿으라.

※ 자신의 삶 속에 어떻게 역사하시는지를 파악하라. 잘하는 것이 무엇인지, 취미, 흥미를 가지는 일과 특별히 보람과 유익을 느끼는 일이 무엇인지 생각해 보라.

※ 은사를 발견하기 위해서는 먼저 자신이 어떤 일을 하고 싶은지 생각해야 한다.

※ 교회 사역(봉사)에 참여해야 한다.

※ 다른 성도들로부터 확증을 받고 결과를 평가 받으면 더욱 확실하다.

※ 성령의 은사는 언제나 좋은 열매를 얻는다.

※ 대부분 사람들은 처음부터 자신의 은사를 확실히 알고 사역을 시작하지 않는다.
※ 우선 주님을 사랑하기 때문에 성령의 은사인지 모르고 일부터 하게 된다.
※ 그렇게 하다 보면 성령께서 자신에게 허락하신 특별한 능력을 발견하게 될 것이다.
※ 주의 일을 하다 보면 자신의 힘이 아닌 다른 힘이 그 일을 도와주고 있음을 깨닫게 된다.

3. 성경에서 나타난 은사들의 목록을 살펴보고 자신의 은사는 어느 것에 가까운지 한두 가지를 체크해 보고 서로의 은사에 대해서 이야기해 봅시다.

예언, 섬김, 가르침, 권면, 구제(헌금), 지도력, 긍휼, 지혜, 지식, 믿음, 병 고침, 기적, 영 분별, 방언, 통역, 사도, 도움, 행정, 전도, 목사, 독신, 청빈, 순교, 대접, 선교사, 중보, 축사

※ 자신의 은사는 무엇인 것 같은지 이야기한다.
※ 서로에 대해서 무슨 은사를 가진 것 같은지를 이야기해 준다.

4. 은사 발견의 6단계

1) 은사에 대해서 이해하라.

2) 성령의 인도를 위해 기도하라.

3) 자신을 분석하라.

4) 교회 사역(봉사)에 참여하라.

5) 다른 성도들로부터 확증을 구하라.

6) 결과를 평가하라.

** 하나님께서는 우리 삶에 목적을 가지고 계신다. 우리가 자신의 은사를 발견할 때 우리의 삶의 목적이 무엇인지 알 수 있다.

** 하나님께서 나에게 주신 은사, 그리고 나에게 주신 일이 무엇인지 알고 그 일을 이루어 하나님을 영화롭게 하는 삶을 살 수 있도록 기도하라.

5. 이번 과를 통해서 새롭게 깨달은 것이나 은혜 받은 내용을 이야기해 봅시다.

** 몇 명의 이야기를 듣거나 모두의 이야기를 듣는다.

6. 인도자가 오늘 내용을 총정리합니다.

*** 삶 나눔 30-40분 ⇨ 인도자

① "지난 주간에 있었던 감사한 일을 한 가지씩 나누겠습니다."
진지하게 들어 주고 칭찬과 격려를 아끼지 않는다.

② "지난 주간에 있었던 삶을 나누겠습니다." 어려운 일이나 힘든 일도 함께 나눈다.
진지하게 들어 주고 공감해 주는 것을 잊지 말아야 한다.
힘든 일이나 어려운 일은 위로해 주고, 함께 기도해 주는 것도 잊어서는 안 된다.

*** 기도 10-20분 ⇨ 기도부장
제자의 삶에서 깨달음이나 버릴 것, 결심을 각자 통성으로 기도한다.
오늘 삶 나눔을 통해서 기도해야 할 몇 분의 기도제목을 통성으로 기도한다.
교회의 가장 중요한 일들을 위해서, 전도와 부흥, 목회 사역을 위해서 통성으로 기도한다.

*** 간단한 찬양 한 곡 ⇨ 찬양부장
*** 광고 ⇨ 총무 혹은 광고부장
*** 주기도문으로 마침

제10과

성령의 열매

*** 간식이나 애찬

*** 친교 3분 ⇨ 친교부장

*** 찬양 10-15분 ⇨ 찬양부장

*** 제자의 삶 나눔 30-40분 ⇨ 인도자

1. 하나님은 그리스도인이 열매 맺는 삶을 살기 원하십니다. 맺어야 할 열매가 많지만 두 가지로 요약한다면 전도의 열매와 성령의 열매입니다. 전도의 열매를 개인적으로, 교회적으로 어떻게 맺고 있는지 이야기해 봅시다.

마 28:19-20 "그러므로 너희는 가서 모든 민족을 제자로 삼아 아버지와 아
들과 성령의 이름으로 세례를 베풀고 [20]내가 너희에게 분부한 모든 것을 가
르쳐 지키게 하라 볼지어다 내가 세상 끝날까지 너희와 항상 함께 있으리라
하시니라"

마 22:37-40 "예수께서 이르시되 네 마음을 다하고 목숨을 다하고 뜻을
다하여 주 너의 하나님을 사랑하라 하셨으니 [38]이것이 크고 첫째 되는 계명

이요 [39]둘째도 그와 같으니 네 이웃을 네 자신같이 사랑하라 하셨으니 [40]이 두 계명이 온 율법과 선지자의 강령이니라"

** 몇 명 혹은 모두의 이야기를 간단히 듣는다.
** 전도의 열매는 "가서 제자를 삼으라"는 주님의 지상 위임이요,
** 성령의 열매는 하나님과 이웃을 사랑하라는 지상 명령이다.

2. 성령의 열매는 어떤 것들이 있는지 이야기해 봅시다.

갈 5:22-23 오직 성령의 열매는 사랑과 희락과 화평과 오래 참음과 자비와 양선과 충성과 [23]온유와 절제니 이 같은 것을 금지할 법이 없느니라"

** 한두 명의 이야기를 듣는다.
** 성령의 열매는 하나님의 성품이면서 동시에 우리에게 소유하도록 요구하시는 명령이다.
** 하나님은 우리가 하나님을 닮아가기를 원하신다.
** 하나님은 아버지가 되시고 우리는 자녀이기 때문에 당연히 닮아가야 되는 것이다.

3. 하나님을 향한 대신적인 열매는 사랑과 희락과 화평이라고 할 수 있는데 이런 열매가 자신에게 어떻게 나타나고 있는지 이야기해 봅시다.

1) 사랑: 성도의 마음속에 하나님의 사랑에 대한 깊은 느낌을 갖는 일, 하나님을 사랑하고자 하는 마음을 일으키려고 노력하는 일은 성령님이 기뻐하시는 일이다.
2) 희락: 환경과 조건을 초월해서 예수님의 은혜로 영혼 깊은 곳에서 솟아오르는 기쁨이다.
3) 화평: 십자가로 얻는 화평, 두려움을 이기고 강한 믿음과 용기를 얻도록 우리에게 주시는 내적인 평안함과 외적인 삶의 평화이다.

** 몇 명의 이야기를 듣는다(시간에 따라 적절히 조정한다).

4. 다른 사람을 향한 대인적인 열매로 오래 참음과 자비와 양선이라고 할 수 있는데 이런 열매가 자신에게 어떻게 나타나고 있는지 이야기해 봅시다.

4) 인내 또는 오래 참음: 다른 사람의 어리석음과 언행에 대해서도, 나를 괴롭히거나 핍박하는 상대방에 대해서도 참는 행위를 말한다.
5) 자비: 이웃에 대한 친절한 성격, 친절성은 우리 구주 예수님의 자비와 사랑을 반영한다.
6) 양선: 마음에 선함과 너그러움이 있는 능동적인 친절 행위이다.

** 몇 명의 이야기를 듣는다.(시간에 따라 적절히 조정한다).

5. 자신을 향한 열매로 충성과 온유와 절제인데 이런 열매가 자신에게 어떻게 나타나고 있는지 이야기해 봅시다.

7) 충성: 위임된 임무를 성실히 이행하는 순교한 제자들처럼 죽기까지 충성된 자로 칭찬받는 종이다.
8) 온유: 성령님의 따뜻하고 부드러운 마음, 겸손과 순종으로 표현된다.
9) 절제: 자신을 다스리는 자제력, 특히 성령님을 거스르는 세상적이고 육체적인 소욕을 억제하고 모든 일에 균형과 조화를 추구하는 자세이다.

** 몇 명의 이야기를 듣는다(시간에 따라 적절히 조정한다).

** 성령의 열매는 하나님의 성품이면서 동시에 우리에게 소유하도록 요구하시는 하나님의 명령이다.
** 성령의 열매를 풍성히 맺으려면 하나님을 닮아가는 것과 동시에 하나님의 계명을 준행하는 인생이 되어야 한다.

6. 성령의 열매를 배우면서 깨달은 것이나 은혜 받은 것을 이야기해 봅시다.

** 몇 사람의 이야기를 듣는다(시간에 따라 적당히 조정한다).

7. 인도자가 오늘 내용을 총정리합니다.

*** 삶 나눔 30-40분 ⇨ 인도자

1. "지난 주간에 있었던 감사한 일을 한 가지씩 나누겠습니다."
진지하게 들어주고 칭찬과 격려를 아끼지 않는다.

2. "지난 주간에 있었던 삶을 나누겠습니다." 어려운 일이나 힘든 일도 함께 나눈다.
진지하게 들어주고 공감해 주는 것을 잊지 말아야 한다.
힘든 일이나 어려운 일은 위로해 주고, 함께 기도해 주는 것도 잊어서는 안 된다.

*** 기도 10- 20분 ⇨ 기도부장
제자의 삶에서 깨달음이나 버릴 것, 결심을 각자 통성으로 기도한다.
오늘 삶 나눔을 통해서 기도해야 할 몇 분의 기도제목을 통성으로 기도한다.
교회의 가장 중요한 일들을 위해서, 전도와 부흥, 목회 사역을 위해서 통성으로 기도한다.

*** 간단한 찬양 한 곡 ⇨ 찬양부장
*** 광고 ⇨ 총무 혹은 광고부장
*** 주기도문으로 마침

제11과

성령과 동행하는 삶

*** 간식이나 애찬

*** 친교 3분 ⇨ 친교부장

*** 찬양 10-15분 ⇨ 찬양부장

*** 제자의 삶 나눔 30-40분 ⇨ 인도자

1. 성령과 동행하는 삶은 성령 충만한 삶입니다. 성령께서 성도로 하여금 어떤 일을 할 수 있도록 옆에서 돕는 사역을 말씀하고 있는데 무엇인지 이야기해 봅시다.

요 16:7 "그러나 내가 너희에게 실상을 말하노니 내가 떠나가는 것이 너희에게 유익이라 내가 떠나가지 아니하면 보혜사가 너희에게로 오시지 아니할 것이요 가면 내가 그를 너희에게로 보내리니"

요 16:13-14 "그러나 진리의 성령이 오시면 그가 너희를 모든 진리 가운데로 인도하시리니 그가 스스로 말하지 않고 오직 들은 것을 말하며 장래 일을 너희에게 알리시리라 [14]그가 내 영광을 나타내리니 내 것을 가지고 너희에게 알리시겠음이라"

요 14:16 "내가 아버지께 구하겠으니 그가 또 다른 보혜사를 너희에게 주사 영원토록 너희와 함께 있게 하리니"

** 두세 명의 이야기를 듣는다.
** "보혜사"는 돕는 자, 변호자란 뜻이다.
** 성령과 동행하는 삶은 날마다 지속적으로 성령님을 인정하고, 환영하고, 모셔들이며, 의지하는 생활이다.
** 예수의 체험은 성령으로 충만한 체험이다.
** 성령님은 예수님과 본질적으로 동일하신 보혜사로서 같은 인격을 가지고 동일한 목적으로 예수님을 대신해서 일하시는 분이시다.

2. 신앙생활에 있어서 성령 충만은 일회적 경험이나 사건이 아닙니다. 날마다 지속적으로 성령님을 인정하고, 환영하고 모셔들이며 의지하는 삶입니다. 구체적으로 어떻게 살아야 할지 이야기해 봅시다.

** 서너 명의 이야기를 듣는다.
** 성령님과 동행하는 모습은 삶 가운데 크게 두 가지 패턴으로 나타난다.

3. 예수의 의식화: 성령님과 동행하는 삶은 나의 삶의 모든 부분을 예수님의 생각과 교훈으로 철저히 바꾸는 것입니다. 어떻게

사는 것인지 이야기해 봅시다.

롬 12:2 "너희는 이 세대를 본받지 말고 오직 마음을 새롭게 함으로 변화를 받아 하나님의 선하시고 기뻐하시고 온전하신 뜻이 무엇인지 분별하도록 하라"

** 한두 명의 이야기를 듣는다.
** 변화를 받아 계속해서 세상의 길을 따르는 것을 거부해야 한다.
** 오직 새롭게 된 마음만이 하나님의 뜻을 분별하고 식별하고 순종하기로 결정할 수 있기 때문이다.
** 계속해서 하나님의 선하시고 기뻐하시고 온전하신 뜻을 분별하며 사는 삶이 하나님과 동행하는 성령 충만한 삶이다.

4. 예수의 생활화: 예수 의식을 생활에 구체적으로 실천하며 적용하고 사는 것입니다. 어떻게 사는 것일지 이야기해 봅시다.

롬 12:1 "그러므로 형제들아 내가 하나님의 모든 자비하심으로 너희를 권하노니 너희 몸을 하나님이 기뻐하시는 거룩한 산 제물로 드리라 이는 너희가 드릴 영적 예배니라"

** 한두 명의 이야기를 듣는다.
** 우리가 드려야 할 진정한 영적인 예배는 교회에서만 드리는 예배가 아니다.

※ 오히려 신앙생활의 일상에서 드려야 하는 예배이다.

※ 몸과 마음을 의의 병기로 하나님께 드려야 한다.

※ 예를 들면 우리의 발은 하나님의 길에 행하고, 입술은 진리를 말하고 복음을 전파하고, 혀는 치유를 가져오고, 팔은 외롭고 사랑받지 못하는 자들을 감싸 안고, 눈은 겸손하고 끈기 있게 하나님을 바라보아야 한다.

5. 성령 충만은 예수 충만의 삶입니다. 더 이상 내가 사는 것이 아니라 철저히 그리스도께서 내 안에 사는 삶입니다. 어떻게 사는 삶일지 이야기해 봅시다.

갈 2:20 "내가 그리스도와 함께 십자가에 못 박혔나니 그런즉 이제는 내가 사는 것이 아니요 오직 내 안에 그리스도께서 사시는 것이라 이제 내가 육체 가운데 사는 것은 나를 사랑하사 나를 위하여 자기 자신을 버리신 하나님의 아들을 믿는 믿음 안에서 사는 것이라"

※ 두세 명의 이야기를 듣는다.

※ 믿음 안에서 사는 것은 자신을 위해 사는 것이 아니라 하나님의 말씀대로 사는 것이다.

※ 다시 말해서 하나님의 영광을 위해서 사는 삶이다.

※ 우리 몸이 그리스도를 위해서 쓰이고 마음으로는 그리스도의 생각을 품는 삶이다.

※ 내 의지가 주님의 의지에 지배를 받고, 인격과 재능은 남김없이 주님의 것이 되는 삶이다.

※ 이렇게 살면 성령님과 동행하며 성령 충만한 삶을 살게 되는 것이다.

6. 성령과 동행하며 사는 성령 충만한 삶의 특징이 있습니다.

1) 성령이 충만하면 하나님의 음성을 듣게 된다(막 1:10-11)

2) 성령이 충만하면 시험을 이기게 된다(막 1:12-13).

3) 성령이 충만하면 말씀을 권세 있게 가르치고 전한다(막 1:21-22).

4) 성령이 충만하면 귀신을 쫓아낼 수 있다(막 1:23-27).

5) 성령이 충만하면 질병을 치료하는 도구로 쓰임 받게 된다(막 1:29-34, 40-44).

6) 성령이 충만하면 기도의 생활화가 이루어진다(막 1:35).

7) 성령이 충만하면 전도의 생활화가 이루어진다(막 1:38).

7. 우리는 성령 충만을 체험해야 하고 성령님의 능력을 힘입어야 하며 성령님에 의해 파송을 받아야 합니다. 그러한 삶을 어떻게 사는 것인지 이야기해 봅시다.

눅 4:18-19 "주의 성령이 내게 임하셨으니 이는 가난한 자에게 복음을 전하게 하시려고 내게 기름을 부으시고 나를 보내사 포로 된 자에게 자유를, 눈 먼 자에게 다시 보게 함을 전파하며 눌린 자를 자유롭게 하고 19 주의 은혜의 해를 전파하게 하려 하심이라 하였더라"

** 두세 명의 이야기를 듣는다.

8. 오늘 새롭게 깨달은 것이나 은혜 받은 것을 이야기해 봅시다.

** 두세 명의 이야기를 듣는다.

9. 인도자가 오늘 내용을 총정리합니다.

*** 삶 나눔 30-40분 ⇨ 인도자

1. "지난 주간에 있었던 감사한 일을 한 가지씩 나누겠습니다."
진지하게 들어 주고 칭찬과 격려를 아끼지 않는다.

2. "지난 주간에 있었던 삶을 나누겠습니다." 어려운 일이나 힘든 일도 함께 나눈다.

진지하게 들어 주고 공감해 주는 것을 잊지 말아야 한다.

힘든 일이나 어려운 일은 위로해 주고, 함께 기도해 주는 것도 잊어서는 안 된다.

*** 기도 10-20분 ⇨ 기도부장

제자의 삶에서 깨달음이나 버릴 것, 결심을 각자 통성으로 기도한다.

오늘 삶 나눔을 통해서 기도해야 할 몇 분의 기도제목을 통성으로 기도한다.

교회의 가장 중요한 일들을 위해서, 전도와 부흥, 목회 사역을 위해서 통성으로 기도한다.

*** 간단한 찬양 한 곡 ⇨ 찬양부장

*** 광고 ⇨ 총무 혹은 광고부장

*** 주기도문으로 마침

제12과

성령과 교회성장

*** 간식이나 애찬

*** 친교 3분 ⇨ 친교부장

*** 찬양 10-15분 ⇨ 찬양부장

*** 제자의 삶 나눔 30-40분 ⇨ 인도자

성령은 교회의 영이요, 교회성장의 영이며, 선교의 영이다. 성령은 교회를 세우시고, 성장시키시고, 교회로 하여금 전도하고 선교하게 하신다. 그러므로 교회는 성령의 피조물이다. 성령이 함께할 때 교회는 교회로서의 존재 가치와 사명을 다하게 된다.

1. 초대교회의 선교본부라고 할 수 있는 안디옥 교회에서 선교사를 파송하는 내용인데 그들은 누구의 지시를 받아 어떻게 했는지 이야기해 봅시다.

행 13:1-4 "안디옥 교회에 선지자들과 교사들이 있으니 곧 바나바와 니게
르라 하는 시므온과 구레네 사람 루기오와 분봉 왕 헤롯의 젖 동생 마나엔
과 및 사울이라 2주를 섬겨 금식할 때에 성령이 이르시되 내가 불러 시키는

일을 위하여 바나바와 사울을 따로 세우라 하시니 [3]이에 금식하며 기도하고
두 사람에게 안수하여 보내니라 [4]두 사람이 성령의 보내심을 받아 실루기아
에 내려가 거기서 배 타고 구브로에 가서"

- 세계 선교를 어떻게 일으키시는가? 하나님은 세계 선교를 일으키실 때에 어떤 원칙과 방법을 사용하시는지 설명하고 있다.
- 선교의 주체는 인간이 아니라 성령님이라는 것을 알 수 있다.
- 선교의 주체는 성령님이시고 그 선교를 수행하는 기관은 교회임을 알 수 있다.

2. 전도자를 택하시고 파송하실 뿐만 아니라 그들의 사역을 어떻게 주장하시는지 이야기해 봅시다.

행 13:7-12 "그가 총독 서기오 바울과 함께 있으니 서기오 바울은 지혜 있
는 사람이라 바나바와 사울을 불러 하나님의 말씀을 듣고자 하더라 [8]이 마
술사 엘루마는 (이 이름을 번역하면 마술사라) 그들을 대적하여 총독으로
믿지 못하게 힘쓰니 [9]바울이라고 하는 사울이 성령이 충만하여 그를 주목하
고 [10]이르되 모든 거짓과 악행이 가득한 자요 마귀의 자식이요 모든 의의 원
수여 주의 바른 길을 굽게 하기를 그치지 아니하겠느냐 [11]보라 이제 주의 손
이 네 위에 있으니 네가 맹인이 되어 얼마 동안 해를 보지 못하리라 하니 즉
시 안개와 어둠이 그를 덮어 인도할 사람을 두루 구하는지라 [12]이에 총독이
그렇게 된 것을 보고 믿으며 주의 가르치심을 놀랍게 여기니라"

** 두세 명의 이야기를 듣는다.

** 성령님은 당신의 일을 위하여 사람을 예비하시고 준비하신다.

** 그 사역을 능히 감당할 만한 힘과 능력을 주시고, 필요한 것을 공급해 주신다.

** 마술사 엘루마는 총독이 믿지 못하도록 책략을 꾸민다.

** 바울은 성령이 충만하여 그를 보고 꾸짖으니 소경이 되었다.

** 이로 인해 총독이 믿고 서기오 바울은 기독교계에서 지도자가 되었다는 것이다.

3. 성령님께서 전도와 선교의 영으로 사역하신 내용을 보면서 어떻게 하셨는지 이야기해 봅시다.

행 8:29 "성령이 빌립더러 이르시되 이 수레로 가까이 나아가라 하시거늘"

행 10:19 "베드로가 그 환상에 대하여 생각할 때에 성령께서 그에게 말씀하시되 두 사람이 너를 찾으니"

행 16:5-6 "이에 여러 교회가 믿음이 더 굳건해지고 수가 날마다 늘어가니라 [6]성령이 아시아에서 말씀을 전하지 못하게 하시거늘 그들이 브루기아와 갈라디아 땅으로 다녀가"

** 두세 명의 이야기를 듣는다.

** 성령님의 가라고 하시는 음성에 순종하여 갔을 때 복음을 받아들일 준비가 된 내시에게로 인도하셨다.

** 성령께서 고넬료의 가정으로 인도하시고 그 가정의 복음화를 통해 이방인에게도 복음의 문이 열리게 되었다.

** 날마다 수가 늘어나는데 막으신다. 우리는 이해할 수가 없다. 하나님의 생각은 우리의 생각과 다르기 때문이다.

** 성령님은 드로아로 인도하셨고 마게도냐인의 환상을 통해서 유럽으로 인도하셨다.

4. 교회성장은 오직 성령님께 달려 있는데 교회 안에서 역사하시는 영적인 능력은 복음의 능력, 말씀의 능력, 예수 이름의 능력이요 성령의 능력입니다. 현재 우리 교회는 누구를 통해서 어떤 일들이 나타나는지 이야기해 봅시다.

롬 1:16 "내가 복음을 부끄러워하지 아니하노니 이 복음은 모든 믿는 자에게 구원을 주시는 하나님의 능력이 됨이라 먼저는 유대인에게요 그리고 헬라인에게로다"

렘 23:29 "여호와의 말씀이니라 내 말이 불 같지 아니하냐 바위를 쳐서 부스러뜨리는 방망이 같지 아니하냐"

행 3:16 "그 이름을 믿으므로 그 이름이 너희가 보고 아는 이 사람을 성하게 하였나니 예수로 말미암아 난 믿음이 너희 모든 사람 앞에서 이같이 완전히 낫게 하였느니라"

** 두세 명의 이야기를 듣는다.

** 복음은 구원을 위한 하나님의 능력이다.

** 하나님의 말씀에는 능력이 있다. 교회는 하나님의 말씀의 능력으로 성장한다. 모든 이름 위에 뛰어난 이름인 예수는 모든 무릎을 꿇게 하는 이름이다.

** 예수 이름으로 기도해야 한다. 귀신을 쫓을 때도, 병 낫기를 원할 때도 예수 이름이다.

** 베드로는 성전 미문 앉은뱅이를 향해 "나사렛 예수 그리스도의 이름으로 명하노니 일어나 걸어라"고 명했다. 그러자 앉은뱅이가 벌떡 일어나 걷기도 하고 춤도 추고 하나님을 찬양했다.

** 오늘도 우리를 통해서 이런 기적들을 일으켜 보자.

5. 성령님이 크게 역사하시는 교회의 특징은?

1) 성령님이 실제로 교회의 주인 되심을 인정합니다(마 16:18; 고전 3:5-7).

2) 성령님을 인격적으로 인정합니다(요 14:26).

3) 성령에 대해서 배우고 성령의 음성을 듣고 순종합니다.

계 3:6 "귀 있는 자는 성령이 교회들에게 하시는 말씀을 들을지어다"

4) 성령 충만을 사모합니다(행 1:8).

※ 네 가지 중에 자신의 약한 점은 무엇이며 어떻게 보완할 것인지 이야기해 봅시다.
※ 몇 명의 이야기를 듣거나 모두의 이야기를 듣는다.

6. 오늘 공부하면서 새롭게 깨달은 것이나 은혜 받은 것을 이야기 해 봅시다.

7. 인도자가 오늘 내용을 총정리합니다.

*** 삶 나눔 30-40분 ⇨ 인도자

1. "지난 주간에 있었던 감사한 일을 한 가지씩 나누겠습니다."
진지하게 들어주고 칭찬과 격려를 아끼지 않는다.

2. "지난 주간에 있었던 삶을 나누겠습니다." 어려운 일이나 힘든 일도 함께 나눈다.
진지하게 들어주고 공감해 주는 것을 잊지 말아야 한다.
힘든 일이나 어려운 일은 위로해 주고, 함께 기도해 주는 것도 잊어서는 안 된다.

*** 기도 10-20분 ⇨ 기도부장

제자의 삶에서 깨달음이나 버릴 것, 결심을 각자 통성으로 기도한다.
오늘 삶 나눔을 통해서 기도해야 할 몇 분의 기도제목을 통성으로 기도한다.
교회의 가장 중요한 일들을 위해서, 전도와 부흥, 목회 사역을 위해서 통성으로 기도한다.

*** 간단한 찬양 한 곡 ⇨ 찬양부장

*** 광고 ⇨ 총무 혹은 광고부장

*** 주기도문으로 마침

제자의 삶 프로젝트

1판 1쇄 인쇄 _ 2016년 9월 15일
1판 1쇄 발행 _ 2016년 9월 20일

지은이 _ 조고산
펴낸이 _ 이형규
펴낸곳 _ 쿰란출판사

주소 _ 서울특별시 종로구 이화장길 6
편집부 _ 745-1007, 745-1301~2, 747-1212, 743-1300
영업부 _ 747-1004, FAX 745-8490
본사평생전화번호 _ 0502-756-1004
홈페이지 _ http://www.qumran.co.kr
E-mail _ qrbooks@gmail.com / qrbooks@daum.net
한글인터넷주소 _ 쿰란, 쿰란출판사
등록 _ 제1-670호(1988.2.27)
책임교열 _ 오완, 최진희

 ISBN 978-89-6562-927-6 03230